KB200785

기도하기 전에

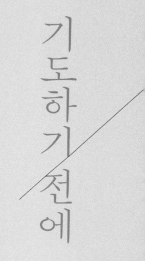

기도하기 전에

손기철

규장

기도에 대해서 배우는 것보다 기도하는 것이 중요합니다.
그러나 기도하는 것보다 더 중요한 것은

기도하기 전에
나와 세상을 하나님나라의 방식대로 보는 것입니다.

기도하기 전에,
우리가 알아야 할 것들…

우리나라 성도들은 다른 나라 성도들에 비해 정말로 열심히, 간절히, 끈질기게 기도해왔습니다. 그것이 우리나라 기독교의 강점이자 특징이기도 합니다. 그런데 언제부터인가 기도보다는 교제와 성경공부, 각종 세미나에 더 치중하는 것 같아서 개인적으로는 안타까운 마음이 있습니다.

예수님의 삶은 한 마디로 하나님과 생명적으로 교제하는 기도의 삶이었습니다. 기독교 역사에서 부흥이 일어난 때를 생각해보면, 그때에는 반드시 기도 운동이 있었습니다. 그렇다면 이 시점에서 우리가 다시 하나님의 유업을 이어가기 위해서 반드시 회복해야 할 일은 바로 기도운동입니다.

기도는 귀찮은 일이며 고역이라고 생각하는 이유는 '기도하기 전에' 마음 밭을 제대로 가꾸지 않았기 때문입니다. 마음 밭을 정리하고 나면 기도 없이는 살 수 없음을 알게 되고, 기도의 참 맛을 알게 되어 삶 자체가 기도가 되는 축복을 누릴 수 있게 됩니다.

우리는 흔히 열심히 일하면 돈을 벌 것처럼 이야기하지만 사실은 그렇지 않습니다. 돈 버는 법을 알아야 돈을 벌 수 있기 때문입니다. 이를 기도에 적용해봅시다. 물론 기도에 대해서 배우는 것보다 기도하는 것이 더 중요합니다. 열심히 기도하는 사람들은 대부분 기도하는 법을 배울 필요가 없다고 생각하며, 기도하는 행위 자체와 기도 시간을 더 중요하게 여깁니다. 그러나 '기도하기 전에' 나와 세상을 하나님나라 방식대로 보는 것이 무엇보다 중요합니다. 이것이 선행되어야 올바른 방향으로, 올바른 기도를 할 수 있기 때문입니다.

사실 기도 행위는 기독교에만 있는 것이 아니라 모든 종교에다 있습니다. 예를 들어 무슬림들은 시간을 엄격하게 정해놓고 기도합니다. 학교에서 한국에 유학 온 이슬람 학생들을 볼 기회가 간혹 있는데, 기도 시간을 얼마나 엄격하게 지키는지 놀랄 때가 많습니다. 천주교에서는 여러 가지 정해진 기도문을 읽는 것으로 기도합니다. 불교에서는 탑돌이나 예불, 일천배 등 정해진 의식에 따라 기도합니다.

이렇듯 기도 행위 자체는 모든 종교에서 유사하게 나타나지만, 그 기도의 내용과 방식과 태도는 완전히 다릅니다. 만약 우리가 하나님이 원하시는 기도를 제대로 배우지 않고 기도한다면, 여타 종교의 기도와 다를 바 없게 될 것입니다.

기도는 하나님과의 교제입니다. 하나님과의 교제를 통해 주님의 뜻을 알기 원한다면 제일 먼저 자기 마음의 생각과 사고방식을 버려야 합니다. 그런데 대부분의 사람들은 기도를 통해서 자신의 마음을 변화시키는 것이 아니라 신(神)에게 잘 보이려고 하거나 자신의 문제를 해결 받고자 하는 데 그칩니다.

그 이유는, 비록 의식하지는 못할지라도, 여전히 과거에 섬겼던 이방신이나 우리나라의 전통적인 사고방식을 따라 기도하기 때문입니다. 혹은 우리가 오랫동안 신앙생활을 해왔다고 할지라도 하나님에 대한 생각이 여전히 구약적이기 때문입니다.

우리가 하나님에 대해 어떤 생각들을 갖고 있는지 예를 들어봅시다.

- 하나님은 우리를 용서해주셨는데 우리가 늘 죄를 지으니 화가 나 계신다.
- 우리는 하나님을 기쁘게 해드리거나 그분의 화를 가라앉히기 위해 부단히 헌신해야 한다.
- 하나님은 특별한 경우를 제외하고는 영혼의 죄 사함 외의 일에는 관계하지 않으신다.
- 하나님께 무언가를 얻어내기 위해서는 끈질기게, 간절히 기도해야 한다.

- 우리가 잘못하면 하나님은 우리의 잘못을 깨우쳐주시기 위해 벌을 주시며, 그때는 마귀가 악한 일을 행할지라도 눈감고 계신다.

우리가 이런 생각을 가지고 기도할 때 하나님께서는 그 기도를 어떻게 받아들이실까요?

우리는 지금 예수님이 이루신 새 언약 시대에 살고 있습니다. 그렇다면 무엇보다도 우리는 예수님이 가르쳐주신 "너희는 이렇게 기도하라"(마 6:9)라는 말씀을 이해해야 합니다. 하나님의 생명을 가지고 있지 않던 구약 시대 때 주님의 백성들이 행위보상적 사고방식에 근거하여 기도했던 것과 달리, 이 땅에 도래한 하나님나라에서 사는 하나님의 자녀는 의롭게 되어 하나님 아버지께 새로운 방식과 태도로 기도할 줄 알아야 합니다.

우리는 흔히 '믿음이 없다'고 말하지만, 사실은 믿음이 없는 것이 아니라 이 세상의 초등학문과 공중권세 잡은 자들로 인하여 우리 마음에 무지와 불신이 너무 많아졌기 때문에 믿음이 가려진 것뿐입니다. 우리가 올바른 믿음을 가지고 기도하기 위해서는 먼저 우리 마음에 자리 잡은 세상의 영향력을 없애고, 하나님의 생명과 다시 연결되어 새로운 지식으로 무장해야 합니다.

너희가 서로 거짓말을 하지 말라 옛 사람과 그 행위를 벗어 버리고 새 사람을 입었으니 이는 자기를 창조하신 이의 형상을 따라 지식에까지 새롭게 하심을 입은 자니라 골 3:9,10

'기도하기 전에' 우리의 마음이 새롭게 되지 않으면 올바른 기도를 할 수 없습니다. 우리가 하나님 아버지를 제대로 알지 못하고, 올바른 자녀의 정체성을 가지지 못하고, 마음이 세상적인 사고방식으로 가득 차 있게 되면 아무리 열심히 기도한다 해도 하나님께선 우리의 기도를 흠향하실 수 없고, 그 기도에 응답하실 수도 없기 때문입니다. 안타깝지만 지금도 수

많은 기도들이 허공을 칠 뿐 하나님께 상달되지 못한 채 땅에 떨어지고 있고, 마귀는 그것을 주워 먹고 다시 우리를 통치하고 있습니다.

이 책은 하나님나라의 복음에 기초하여 여러 측면에서 우리가 당연시해왔던 우리 자신과 이 세대의 잘못된 사고방식과 그 영향을 제거하는 데 도움을 주고자 집필되었습니다.

저는 이 책이 전통적이고 종교적인 기도에서 벗어나 새 언약적 기도를 하고, 혼적 기도가 아닌 영적 기도를 드리며, 무엇보다도 하나님의 뜻을 알고 그분의 뜻이 하늘에서 이루어진 것 같이 땅에서도 이루어지는 기도를 하는 데 도움이 되기를 간절히 소망합니다.

또한 이 책은 '주기도'에 대해 다룬 《너희는 이렇게 기도하라》(근간 예정)와 짝을 이루고 있습니다. 이 두 책을 통해 예수님이 우리에게 가르쳐주신 기도를 지금까지와 다르게 깨닫고 일상의 영적 전쟁터에서 가장 강력한 무기로 사용할 수 있게 되리라 확신합니다.

지난 18년의 사역 동안, 수많은 실패와 의구심을 통과하며
'기도하기 전에' 알아야 할 것들을 배우고 체험하게 하신 하나
님께 감사와 영광을 올려드리며, 이 책을 저와 함께 주님 앞에
서 기도한 모든 형제자매와 나누고 싶습니다.

Semper Reformanda!

손기철 박사

CONTENTS

1

BEFORE YOU PRAY

새 언약
아래서
기도하라

chapter **01**

기도하기 전에,
하나님나라의 복음을
알아야 한다

예수님이 전하신 새로운 법

눈에 보이는 세상이든 눈에 보이지 않는 세상이든, 모든 피조세계
는 법과 권세에 의해 돌아갑니다. 그리고 현시(顯示)된 세계, 곧 나타
나 눈에 보이는 세계의 모든 법은 영적 세계의 법에 영향을 받습니다.

태초에 하나님께서는 하늘의 뜻이 현시되도록 천지만물을 창조하
신 후 법과 질서를 주시며, 하나님의 자녀들을 통해 그 법이 잘 이루
어지도록 하셨습니다. 그러나 하나님의 자녀들이 마귀에게 속아 죄
를 지음으로 타락하게 되었고, 그 결과 눈에 보이지 않는 공중권세
잡은 마귀들이 이 땅을 통치하게 된 것입니다. 마귀에게 속아 타락

한 인간들이 세상의 법을 만들었고, 그 법들이 세상을 통치하게 되었습니다. 결과적으로 이 세상의 법은 여전히 마귀의 영향을 받고 있습니다.

> 그는 허물과 죄로 죽었던 너희를 살리셨도다 그때에 너희는 그 가운데서 행하여 이 세상 풍조를 따르고 공중의 권세 잡은 자를 따랐으니 곧 지금 불순종의 아들들 가운데서 역사하는 영이라 전에는 우리도 다 그 가운데서 우리 육체의 욕심을 따라 지내며 육체와 마음의 원하는 것을 하여 다른 이들과 같이 본질상 진노의 자녀이었더니 엡 2:1-3

구약 시대 때, 하나님께서는 그분의 백성이 죄가 무엇인지를 알고 하나님의 법 안으로 들어오게 하기 위해 그들에게 율법을 주셨습니다. 그러나 어느 누구도 모든 법을 언제나, 다 지킬 수는 없었습니다. 그래서 하나님은 그 죄를 사해주시기 위해 새 법이 제정되기 전까지 동물로 제사를 지내게 하셨습니다.

그러다 마침내 때가 이르자 하나님은 예수 그리스도를 이 땅에 보내시어 새 언약, 즉 하나님나라의 복음을 선포하게 하셨고, 모든 사람이 새 법의 혜택을 누리도록 인류의 죄를 대속하셨습니다.

> 그런즉 율법은 무엇이냐 범법하므로 더하여진 것이라 천사들을 통하여 한 중보자의 손으로 베푸신 것인데 약속하신 자손이 오시기까지 있을 것이라 갈 3:19

저 첫 언약이 무흠하였더라면 둘째 것을 요구할 일이 없었으려니와 그들의 잘못을 지적하여 말씀하시되 주께서 이르시되 볼지어다 날이 이르리니 내가 이스라엘 집과 유다 집과 더불어 새 언약을 맺으리라 히 8:7,8

새 언약이라 말씀하셨으매 첫 것은 낡아지게 하신 것이니 낡아지고 쇠하는 것은 없어져 가는 것이니라 히 8:13

그 후에 말씀하시기를 보시옵소서 내가 하나님의 뜻을 행하러 왔나이다 하셨으니 그 첫째 것을 폐하심은 둘째 것을 세우려 하심이라 히 10:9

이르시되 때가 찼고 하나님의 나라가 가까이 왔으니 회개하고 복음을 믿으라 하시더라 막 1:15

하나님나라, 하나님의 통치

그렇다면 하나님나라란 무엇일까요? 하나님나라의 정확한 의미부터 알아봅시다. 여기서 말하는 '나라'는 우리가 흔히 알고 있는 천국(천당, 죽고 난 후에 가는 하늘 어느 곳)도 아니고, 어떤 공간적인 영역을 차지하는 국가(nation)도 아닙니다. 하나님나라는 하나님의 통치와 주권을 뜻하며, 하나님나라가 이 땅에 임했다는 것은 이제로부터 다시 하나님께서 친히 통치하신다는 뜻입니다. 이것이 바로 좋은 소식, 곧 복음입니다.

이천 년 전 인자(人子)로 이 땅에 오신 예수님은 공생애 동안 주로 세 가지 사역을 하셨습니다.

첫 번째, 이스라엘 백성과 종교지도자들에게 구약의 율법과 선지자에 대해 가르치셨습니다. 그 핵심은 율법과 선지자가 예언한 메시아가 바로 예수님 자신을 가리키는 것이며, 여호와 하나님께서 약속하신 하나님의 통치가 예수님을 통해 마침내 이루어질 것이라는 내용이었습니다.

두 번째, 하나님나라를, 즉 하나님의 통치를 선포하셨습니다.

세 번째, 하나님나라가 임함으로 어떤 일이 일어나는지 실제로 보여주셨습니다. 예수님은 친히 병든 자를 치유하시고, 귀신을 쫓아내시며, 광풍을 잠재우시고, 죽은 나사로를 살리셨습니다.

예수께서 온 갈릴리에 두루 다니사 그들의 회당에서 가르치시며 천국 복음을 전파하시며 백성 중의 모든 병과 모든 약한 것을 고치시니 마 4:23

그리고 예수님이 약속하신 일들이 끝나면, 즉 우리 죄를 사하시기 위해 십자가에서 죽으시고 부활, 승천하신 후에 약속하신 보혜사 성령님이 강림하시면, 우리가 흑암의 권세에서 벗어나 하나님의 사랑의 나라로 옮겨가게 되며, 우리는 하나님의 자녀가 되어 하늘에 계신 하나님께서 본래 뜻하신 바대로 이 땅에서 주의 뜻을 이루게 되리라고 말씀하셨습니다.

> 세례 요한의 때부터 지금까지 천국은 침노를 당하나니 침노하는 자는 빼앗느
> 니라 마 11:12

> 율법과 선지자는 요한의 때까지요 그 후부터는 하나님나라의 복음이 전파되
> 어 사람마다 그리로 침입하느니라 눅 16:16

> 그가 우리를 흑암의 권세에서 건져내사 그의 사랑의 아들의 나라로 옮기셨으
> 니 그 아들 안에서 우리가 속량 곧 죄 사함을 얻었도다 골 1:13,14

> 나라가 임하시오며 뜻이 하늘에서 이루어진 것같이 땅에서도 이루어지이다
> 마 6:10

사복음서를 보면 예수님은 "하나님의 나라는" 또는 "천국은"이라
고 하시며 하나님나라의 비밀을 비유로 말씀하셨습니다. 하나님나
라는 하나님의 영광의 임재로 인한 하나님의 통치가 이루어지는 곳
으로, 영적인 세계입니다.

그렇기 때문에 하나님나라는 눈에 보이는 것도 아니며, "여기
있다 저기 있다고도 못하리니 하나님의 나라는 너희 안에 있느니
라"(눅 17:21)라고 말씀하신 것입니다.

우리 안에 있는 하나님의 생명

하나님나라가 우리 안에 있다는 사실은 하나님의 생명, 그분의 영생이 우리 안에 있다는 뜻입니다. 그것은 오직 예수 그리스도의 죽으심에 연합한 자만이 얻을 수 있는 하나님의 은혜입니다. 그래서 예수님은 하나님나라의 비유를 드시면서 여자가 낳은 자 중에 세례 요한보다 큰 자가 없지만, 하나님나라에서는 지극히 작은 자라도 그보다 큰 자라고 말씀하신 것입니다(마 11:11 ; 눅 7:28 참조). 바로 우리가 그 큰 자에 속합니다.

그리스도 안에서 새로운 피조물인 우리가 성령의 인도함을 받을 때, 과거의 경험에 기초한 나의 생각과 감정과 허상들이 사라집니다. 그리고 하나님의 생명의 말씀에 감동받으며, 그 말씀이 믿어지고, 그 말씀을 이 땅에 이루는 자가 되는 것입니다.

법은 절대적이고 생명과 같습니다. 예를 들어, 최근에 소위 '김영란법'이라고 하는 부정 청탁, 금품 수수를 금지하는 법령이 통과되어 발효(發效)되었습니다. 이전에는 청탁이나 사례가 아무런 법적 제재 없이 비교적 자유롭게 이루어졌습니다. 하지만 2016년 9월 28일, 김영란 법이 효력을 발휘함에 따라 우리는 그 법을 지킬 때에만 법적 보호를 받게 되며, 대한민국 국민으로서 정상적인 삶을 살 수 있게 되었습니다.

이제는 대한민국의 모든 영역에서 새로운 법에 기준하여 지금까지 해오던 관행과 태도가 바뀌고 있습니다. 김영란법을 알든지 모르든지, 대한민국 국민이라면 모든 사람이 그 법에 저촉 받게 됩니다. 설령 TV나 인터넷이 연결되지 않는 오지에 살아서 그 법에 대해 들은 적이 없다 하더라도 만약 그 법에 위배되는 행동을 하게 되면 불법을 저지른 것이 되어 법대로 처벌을 받아야 합니다.

이와 마찬가지로 이천 년 전에 이 땅에 새로운 법이 임했습니다. 인류 역사상 이것이 가장 좋은 소식이며, 그것이 바로 예수님이 이 땅에 오신 이유이기도 합니다. 하나님의 아들이신 예수님은 새로운 법을 선포하셨을 뿐 아니라 그 법이 실제적으로 이 땅에 효력을 발휘할 수 있도록 친히 죽음으로 대가를 지불하셨습니다. 그리고 예수 그리스도를 믿는 자들을 하나님의 자녀로 새롭게 태어나게 하심으로 새로운 법의 혜택을 누리도록 하셨을 뿐 아니라 그 법을 집행해 나가도록 하신 것입니다.

그런데 안타까운 것은 오늘날 하나님을 믿지 않는 자들뿐만 아니라 심지어 하나님의 자녀 중에도 세상 신에 속아서 여전히 옛날 법에 따라 살고 있는 사람들이 많다는 것입니다.

그중에 이 세상의 신이 믿지 아니하는 자들의 마음을 혼미하게 하여 그리스도의 영광의 복음의 광채가 비치지 못하게 함이니 그리스도는 하나님의 형상이니라 고후 4:4

너희가 이같이 어리석으냐 성령으로 시작하였다가 이제는 육체로 마치겠느냐 … 너희에게 성령을 주시고 너희 가운데서 능력을 행하시는 이의 일이 율법의 행위에서냐 혹은 듣고 믿음에서냐 갈 3:3-5

구약의 법은 하나님의 생명이 없던 백성들에게 주어진 법입니다. 그 법은 돌 판으로 주어졌고, 그 법을 지키는 주체는 인간이며, 그 법을 집행하는 분은 하나님이셨습니다. 그 법은 행위보상적인 법입니다. 즉, 법을 지키고 행하면 축복과 형통을 얻게 되지만 그렇지 못하면 사망과 저주 가운데 놓이게 됩니다.

보라 내가 오늘 생명과 복과 사망과 화를 네 앞에 두었나니 신 30:15

그러나 새 법은 돌 판에 주어진 것이 아니라 우리의 심령 안에 새겨졌습니다. 그 법(말씀)이 바로 우리 안에 계신 하나님이십니다.

여호와의 말씀이니라 보라 날이 이르리니 내가 이스라엘 집과 유다 집에 새 언약을 맺으리라 이 언약은 내가 그들의 조상들의 손을 잡고 애굽 땅에서 인도하여 내던 날에 맺은 것과 같지 아니할 것은 내가 그들의 남편이 되었어도 그들이 내 언약을 깨뜨렸음이라 여호와의 말씀이니라 그러나 그날 후에 내가 이스라엘 집과 맺을 언약은 이러하니 곧 내가 나의 법을 그들의 속에 두며 그들의 마음에 기록하여 나는 그들의 하나님이 되고 그들은 내 백성이 될 것이라 여호와의 말씀이니라 렘 31:31-33

그가 또한 우리를 새 언약의 일꾼 되기에 만족하게 하셨으니 율법 조문으로 하지 아니하고 오직 영으로 함이니 율법 조문은 죽이는 것이요 영은 살리는 것이니라 돌에 써서 새긴 죽게 하는 율법 조문의 직분도 영광이 있어 이스라엘 자손들은 모세의 얼굴의 없어질 영광 때문에도 그 얼굴을 주목하지 못하였거든 하물며 영의 직분은 더욱 영광이 있지 아니하겠느냐 고후 3:6-8

그 하나님께서는 우리로 하여금 주의 법을 '지키는' 자가 아니라 예수 그리스도 안에서 새로운 피조물, 하나님의 자녀가 되도록 하심으로 이 땅에 주의 법을 '이루는' 자가 되게 하셨습니다. 따라서 새 언약에서는 법을 지키고 이루는 주체가 인간이 아니라 우리 안에 계신 하나님이십니다.

새 법을 이루는 자

우리가 '기도하기 전에' 제일 먼저 알아야 할 사실은 이천 년 전에 예수 그리스도께서 선포하신 하나님나라의 법이 오순절 날 이후 발효됨으로써, 타락 이후로 공중 권세 잡은 자들이 만들었던 법이 마침내 무효화되었다는 것입니다. 또한 우리가 예수 그리스도 안에서 하나님나라의 백성이 됨으로, 이 땅에서 하늘, 곧 영적 세계에서 이루어진 그 법의 혜택을 누릴 뿐만 아니라 그 법을 집행하는 자가 되었다는 것입니다.

만일 우리가 미국에서 살았다면 미국법을 따르며 그 법의 혜택을 누렸을 것입니다. 그러나 지금 한국에 살고 있다면 미국법이 어떠한 가에 상관없이 오늘의 한국법을 따라야 합니다. 그렇지 않으면 불법을 행하게 되고, 그 결과 죄의 대가를 지불하게 됩니다.

올바른 기도를 하기 위해서는 우리가 지금 어느 나라에 속해 있는지 알아야 합니다. 여전히 세상에 속해 있는 자로 하나님나라의 법을 지킨다면 이 세상에서 그 사람은 불법을 행하는 자입니다. 반대로 하나님의 자녀이면서 하나님나라의 법을 알지 못하고 세상법에 따라 산다면 하나님나라에서 불법을 행하는 자가 되는 것입니다.

하나님나라가 도래한 오순절 날 이후로는 하나님나라의 법을 알고 그 법대로 기도할 때 주께서 약속하신 모든 은혜를 누릴 수 있게 되었습니다. 이 진리를 아는 자만이 올바른 기도를 통해 세상에서 불법적으로 일어나는 일들을 새롭게 변화시킬 수 있습니다.

비행기가 정확한 비행경로와 목적지 없이 이륙하면 어떻게 되겠습니까? 아무리 열심히 비행한다 하더라도 연료가 떨어지면 추락하게 될 것입니다. 이와 마찬가지로 오늘날 너무나 많은 그리스도인들이 '기도하기 전에' 새로운 법과 자신의 정체성을 알지 못한 채, 그저 간절히 끈질기게 기도만 하다 결국 포기하고 맙니다. 우리는 '기도하기 전에' 우리에게 새롭게 적용된 하나님나라의 법과 규범을 제대로 알아야 합니다.

POINT

이천 년 전, 하나님이 친히 통치하시는 하나님나라가 임했습니다. 우리가 예수 그리스도 안에서 하나님의 자녀가 되었다면, 우리는 더 이상 흑암의 법에 지배받지 않아도 될 뿐만 아니라 공중 권세 잡은 마귀의 영향을 받지 않아도 됩니다. 이제 우리는 예수 그리스도 안에서 새로운 법의 혜택을 누리고 동시에 그 법을 집행하는 유업을 이어가야 합니다. 그 일들을 온전히 행하기 위해서는 '기도하기 전에' 새롭게 바뀐 법과 규범을 먼저 배워야 합니다.

PRAY

주님, 주의 은혜로 죄 사함을 받고 구원받은 후에 늘 새로운 삶을 살고자 기도해왔습니다. 어렵고 힘들 때마다 기도를 통해 주님이 저의 기도를 들어주시고 은혜를 베풀어주신다는 것을 알았습니다. 하지만 주님이 이루신 하나님나라의 관점에서 저와 제 삶을 생각해본 적은 없었습니다.

우리 눈앞에서 일어나는 모든 악한 일들이 인간이 지은 직간접적인 죄와 그 뒤에 있는 마귀로 인함임을 알고 있었지만, 그 모든 악함을 회복하시기 위해 주님이 무슨 일을 행하셨는지, 그리고 그로 인해 저에게 어떤 법적인 권세가 주어졌는지 잘 몰랐습니다.

주님, 이제는 이 땅에서 단지 주님을 사랑하고 따르는 신자의 자리에 머무는 것이 아니라 주의 법으로 이 땅에 하나님의 통치를 이루어가는 자녀로 살기 원합니다!

chapter 02

기도하기 전에,
영적 세계를
알아야 한다

차원이 다른 두 세계

우리 눈에 보이는 가시적인 세계와 보이지 않는 비가시적인 세계
는 단지 인간의 오감이라는 얇은 베일로 나뉜 것뿐이지 모두 실재
(實在)이며, 법과 권세에 의해 움직여지고 있습니다. 가시적인 세계는
오감으로 인식되는 현실 세계로 물리적 세계라고 말할 수 있으며, 비
가시적인 세계는 오감으로 인식될 수 없기 때문에 영적 세계 또는 초
자연적 세계라고 불립니다.

여기서 우리가 알아야 할 중요한 사실은 물리적 세계와 영적 세계
는 하나로 연결되어 있으며, 물리적 세계는 영적 세계의 통치를 받는

다는 것입니다. 비유를 들어 쉽게 설명해보자면, 영적 세계는 눈에 보이지 않는 뿌리(실상)에 해당되고 물리적 세계는 눈에 보이는 나무(현상)에 해당된다고 할 수 있습니다.

이 두 세계의 관점에서 볼 때, 복음이란 우리로 하여금 마귀의 자녀인 육적(肉的) 존재에서 하나님의 자녀인 영적(靈的) 존재로 회복하여 그동안 볼 수 없었던 영적 세계를 보게 하고, 그 영적 세계를 통해 현실 세계를 하나님의 뜻대로 변화시키는 것이라 할 수 있습니다. 우리는 성령과 말씀을 통해 두 세계를 이해해야 하며, 우리의 육신은 가시적인 세계에 있지만 성령님의 도우심으로 마음눈을 열어 비가시적인 세계를 볼 수 있어야 합니다.

> 믿음으로 모든 세계가 하나님의 말씀으로 지어진 줄을 우리가 아나니 보이는 것은 나타난 것으로 말미암아 된 것이 아니니라 히 11:3

> 우리가 주목하는 것은 보이는 것이 아니요 보이지 않는 것이니 보이는 것은 잠깐이요 보이지 않는 것은 영원함이라 고후 4:18

비가시적인 영적 세계 중에는 인간의 죄로 인해 마귀의 통치 아래 있는 어두움의 세계도 있습니다. 그리고 그곳에 있는 마귀는 가시적인 세계에 영향을 미쳐 본래 하나님이 창조하시고 보시기에 좋았던 세상을 변질시키고 왜곡시켰습니다. 그리고 본래 하나님의 자녀였던 자들을 자기 자녀들로 만들어 죄를 짓게 함으로 고난과 질병과 전쟁과 죽임을 당하게 했고, 하나님이 지으신 이 세상을 파괴하도록 했습니다.

본래 하나님의 자녀였지만 타락함으로 이 땅에서 마귀의 자녀로 살게 된 인간들은 영적 세계에 대해서 잘 알지 못하고, 마귀들의 통치에 의해 나타난 현실 세계만을 인식하면서 살아왔으며, 그 결과 육체와 마음이 원하는 대로 사는 '본질상 진노의 자녀'였습니다.

> 그때에 너희는 그 가운데서 행하여 이 세상 풍조를 따르고 공중의 권세 잡은 자를 따랐으니 곧 지금 불순종의 아들들 가운데서 역사하는 영이라 전에는 우리도 다 그 가운데서 우리 육체의 욕심을 따라 지내며 육체와 마음의 원하는 것을 하여 다른 이들과 같이 본질상 진노의 자녀이었더니 엡 2:2,3

마귀는 인간들의 마음을 혼미하게 함으로써 영적 세계의 새로운 법, 곧 하나님 통치의 법을 알지 못하게 하고, 어두움의 영적 세계의 영향을 더 받게 하고 있습니다. 그 결과로 세상은 점점 더 악해지고 어두워져왔습니다(고후 4:4 참조).

우리가 사는 이 시대를 보십시오. 우리는 무당이나 마술, 초능력을 행하는 자들을 점점 더 많이 보게 되고, 그에 관련된 책과 모임이나 단체들도 쉽게 접할 수 있게 되었습니다. 영화나 TV에서는 좀비, 뱀파이어, 드라큘라, 에일리언과 같은 어둠의 세계와 관련된 내용들이 점점 더 늘어나는 추세입니다. 세상은 점점 더 악해지고 있으며 어두움을 향해서 나아가고 있습니다.

반면에 하나님께서 통치하시는 영적 세계에 대해서는, 그 실재는 커녕 이 땅에서 행하시는 그분의 일들에 대한 관심마저 점점 더 사라지고 있으며, 심지어 공격까지 받고 있습니다.

인류 역사상 가장 놀라운 일은, 이천 년 전에 예수님이 인자로 오셔서 타락한 인간에게 좋은 소식을 주셨다는 것입니다. 그것이 하나님나라의 복음이며, 그 핵심은 이제 더 이상 영적 세계가 마귀에 의해 통치되는 것이 아니라 하나님이 친히 통치하신다는 것입니다. 따라서 하나님의 자녀들이 그분의 통치 안에서 유업을 이루어갈 때, 그동안 마귀의 영향으로 인한 모든 현실 세계의 문제들이 사라지고 주님의 뜻이 이 땅에 이루어집니다.

나라가 임하시오며 뜻이 하늘에서 이루어진 것같이 땅에서도 이루어지이다
마 6:10

예수님이 우리에게 가르쳐주신 것이 바로 하나님의 영광으로 임한 영적 세계, 즉 하나님나라에 대한 것입니다. 예수님이 가르침을 주실 때 늘 "하나님의 나라는" 또는 "천국은"이라고 시작하시면서 비유로 그 나라의 비밀을 알려주신 것을 생각해보십시오. 예수님이 우리에게 가르치신 것은 이 땅에 대한 것이 아닙니다. 그 나라가 현실 세계

에 제한된 우리의 의식으로는 이해할 수 없는 영적 세계에 속해 있기에 우리 주변의 것들을 가지고 비유로 설명하신 것입니다. 즉, 보이지 않는 실상을 이 땅에 보이는 현상으로 설명하셨습니다.

하나님은 우리가 그 사실을 깨닫도록 예수 그리스도를 통하여 우리의 죄를 사하시고, 약속하신 보혜사 성령님을 보내주셔서 우리가 육적 존재에서 영적 존재로 새롭게 태어나게 하셨습니다.

> 내가 진실로 너희에게 이르노니 많은 선지자와 의인이 너희가 보는 것들을 보고자 하여도 보지 못하였고 너희가 듣는 것들을 듣고자 하여도 듣지 못하였느니라 마 13:17

그리고 더 이상 육의 생각으로 사는 것이 아니라 영의 생각으로 살게 하시고(롬 8:5 참조), 우리의 싸움은 눈에 보이는 것이 아니라 보이지 않는 것에 대한 것이므로 더 이상 이 땅에 묶이지 않는 방법을 알려주셨으며(엡 6:12,13 참조), 하늘의 것을 깨닫고 보게 하시며 (골 3:1-3 참조), 그 영의 세계에서 예수님이 온전히 이루신 것을 이 땅에서 동일하게 나타낼 수 있는 길을 열어주셨습니다.

> 내가 천국 열쇠를 네게 주리니 네가 땅에서 무엇이든지 매면 하늘에서도 매일 것이요 네가 땅에서 무엇이든지 풀면 하늘에서도 풀리리라 하시고
> 마 16:19

요약하자면, 예수 그리스도를 통하여 우리를 하나님의 자녀가 되게 하시고, 영적으로 깨어서 보이는 세상이 전부가 아님을 알게 하시며, 하나님나라의 실체를 찾게 하셨고, 눈에 보이는 세상을 눈에 보이지 않는 영이요 생명이신 하나님의 말씀으로 변화시키기를 원하신 것입니다.

> 그는 허물과 죄로 죽었던 너희를 살리셨도다 … 긍휼이 풍성하신 하나님이 우리를 사랑하신 그 큰 사랑을 인하여 허물로 죽은 우리를 그리스도와 함께 살리셨고 (너희는 은혜로 구원을 받은 것이라) 또 함께 일으키사 그리스도 예수 안에서 함께 하늘에 앉히시니 이는 그리스도 예수 안에서 우리에게 자비하심으로써 그 은혜의 지극히 풍성함을 오는 여러 세대에 나타내려 하심이라
>
> 엡 2:1-7

하나님께서는 예수 그리스도를 믿는 자들을 통해서 그분이 이미 베푸신 지극히 큰 은혜를 지금, 그리고 앞으로 우리의 자녀세대까지 나타나게 하고자 하십니다. 그 은혜를 누리는 방법이 바로 기도와 믿음입니다. 궁극적으로 하나님께서는 하늘에 있는 것이나 땅에 있는 것이 다 예수 그리스도 안에서 통일되기를 원하십니다.

> 우리는 그리스도 안에서 그의 은혜의 풍성함을 따라 그의 피로 말미암아 속량 곧 죄 사함을 받았느니라 이는 그가 모든 지혜와 총명을 우리에게 넘치게

하사 그 뜻의 비밀을 우리에게 알리신 것이요 그의 기뻐하심을 따라 그리스도 안에서 때가 찬 경륜을 위하여 예정하신 것이니 하늘에 있는 것이나 땅에 있는 것이 다 그리스도 안에서 통일되게 하려 하심이라 엡 1:7-10

그 일이 어떻게 일어날까요? 지금 예수 그리스도가 어디에 계시는 지를 생각해보십시오. 그분은 우리 안에 계십니다. 이제 하나님께서 는 우리로 하여금 뜻이 하늘에서 이루진 것같이 땅에서도 이루어지 게 하셨습니다. 그 일을 위해서 하나님의 통치가 임한 것입니다.

영적 세계에 영향을 미치는 존재

우리는 영적 세계뿐만 아니라 영적 세계에서 활동하는 존재에 대해서도 알아야 합니다.

하나님이 그 뜻대로 그에게 형체를 주시되 각 종자에게 그 형체를 주시느니라 육체는 다 같은 육체가 아니니 하나는 사람의 육체요 하나는 짐승의 육체요 하나는 새의 육체요 하나는 물고기의 육체라 하늘에 속한 형체도 있고 땅에 속한 형체도 있으나 하늘에 속한 것의 영광이 따로 있고 땅에 속한 것의 영광이 따로 있으니 고전 15:38-40

어두움의 영적 세계에서 활동하는 존재들이 있습니다. 그것은 바로 공중 권세 잡은 자, 세상 신, 다른 말로 마귀입니다. 그 졸개인 귀신들과 악한 영들도 있습니다. 우리가 인식하지 못하지만, 그들은 실제로 이 세상에 영향을 미치고 인간을 통치하고자 총력을 기울이고 있습니다.

> 더러운 귀신이 사람에게서 나갔을 때에 물 없는 곳으로 다니며 쉬기를 구하되 얻지 못하고 이에 이르되 내가 나온 내 집으로 돌아가리라 하고 가서 보니 그 집이 청소되고 수리되었거늘 이에 가서 저보다 더 악한 귀신 일곱을 데리고 들어가서 거하니 그 사람의 나중 형편이 전보다 더 심하게 되느니라 눅 11:24-26

우리 주 예수 그리스도께서 십자가를 지심으로 마귀와 악한 영들은 패배했습니다. 그리고 하나님께서는 우리가 예수 그리스도의 이름으로 그들을 무력화시킬 수 있게 하셨습니다.

> 통치자들과 권세들을 무력화하여 드러내어 구경거리로 삼으시고 십자가로 그들을 이기셨느니라 골 2:15

한편, 빛의 영적 세계에서 활동하는 존재들이 있습니다. 바로 하나님의 말씀을 이루는 천사들입니다. 다음 말씀들을 보면 천사가 하나님의 말씀을 듣고 행하는 영적 존재이며, 하나님의 통치가 임한 모든 곳에 있고, 섬기는 영으로 하나님의 상속자를 섬긴다는 것을 알 수 있습니다.

> 여호와께서 그의 보좌를 하늘에 세우시고 그의 왕권으로 만유를 다스리시도 다 능력이 있어 여호와의 말씀을 행하며 그의 말씀의 소리를 듣는 여호와의 천사들이여 여호와를 송축하라 그에게 수종들며 그의 뜻을 행하는 모든 천군 이여 여호와를 송축하라 여호와의 지으심을 받고 그가 다스리시는 모든 곳에 있는 너희여 여호와를 송축하라 내 영혼아 여호와를 송축하라 시 103:19-22

> 또 천사들에 관하여는 그는 그의 천사들을 바람으로, 그의 사역자들을 불꽃 으로 삼으시느니라 하셨으되 히 1:7

> 모든 천사들은 섬기는 영으로서 구원 받을 상속자들을 위하여 섬기라고 보내 심이 아니냐 히 1:14

성경에는 천사들에 대한 이야기가 많이 나옵니다. 지금도 눈에 보이지 않는 영적 세계에서는 성령의 역사뿐만 아니라 주의 말씀대로 기도하는 주의 자녀들을 섬기는 천사들이 함께 활동합니다. 이 사실을 알고 기도하는 것과 그렇지 않은 것에는 큰 차이가 있습니다.

우리는 지금 현실 세계에서 일어나는 일들을 두고 '기도하기 전에' 먼저 영적 세계를 이해해야 합니다. 이 세상의 상황을 변화시키는 것은 눈에 보이는 세계, 그 자체에 달려 있는 것이 아니라 눈에 보이지 않는 영적 세계에 달려 있기 때문입니다. 그 일을 위해서 하나님께서 '예수 그리스도의 이름'이라는 천국 열쇠를 주신 것입니다.

> 내가 천국 열쇠를 네게 주리니 네가 땅에서 무엇이든지 매면 하늘에서도 매일 것이요 네가 땅에서 무엇이든지 풀면 하늘에서도 풀리리라 하시고
>
> 마 16:19

> 진실로 너희에게 이르노니 무엇이든지 너희가 땅에서 매면 하늘에서도 매일 것이요 무엇이든지 땅에서 풀면 하늘에서도 풀리리라 마 18:18

이 두 구절은 동일한 말씀으로, 이 말씀을 제대로 이해하기 위해서는 헬라어 원어를 살펴볼 필요가 있습니다. 헬라어 원어로 보면, 이 말씀 안에는 세 가지 시제가 있는데, 시제를 살펴서 다시 번역해 보면 이렇습니다.

"네가 땅에서 무엇이든지 매면(현재) 하늘에서도 매일(매여져서, 과거) 것이요(있을 것이요, 미래) 네가 땅에서 무엇이든지 풀면(현재) 하늘에서도 풀리(풀어져서, 과거)리라(있을 것이요, 미래) 하시고."

즉, 이 말씀은 시간적인 관점에서 해석될 수 있는 것이 아니라 차원적인 관점에서만 제대로 해석될 수 있습니다. 하나님의 자녀가 현실 세계에서 일어난 상황에 대해서 믿음을 가지고 기도하면(현재),

영적 세계에서 이미 이루어진 것에(과거) 믿음이 부합될 때(현재) 현실 세계에 미래적으로 이루어진다는 것입니다(미래). 우리가 하나님의 영광 안에서 말씀대로 기도하고, 그 말씀대로 이루어질 줄 믿을 때 성령의 역사와 더불어 그 말씀이 이루어지도록 천사들이 수종들 것입니다.

'기도하기 전에' 이것을 생각해보십시오. 우리가 하나님과 올바른 관계 안에서 주님의 말씀을 따라 예수 그리스도의 이름으로 기도할 때 눈에 보이지는 않지만 성령께서 권능을 베푸시고, 그 말씀이 이루어지도록 주님의 천사들이 수종들게 됩니다. 우리의 기도가 정말 놀랍지 않습니까!

POINT

하나님께서 예수 그리스도 안에 있는 우리에게 하나님의 생명을 주셨습니다. 그리하여 영적 존재가 된 우리에게 보이는 세상이 전부가 아닌 것을 알게 하셨으며, 하나님나라로 들어가 하나님의 뜻을 알게 하셨고, 이제는 다시 눈에 보이는 세상을 주님의 뜻대로 변화시키는 유업을 이어받게 하셨습니다.

따라서 기도는 영적 세계에 속한 하나님의 뜻(말씀)에 우리의 마음을 일치시킴으로 하나님 아버지와 교제하고, 이 땅에서 그 뜻이 실체적으로 이루어지도록 하는 것입니다. 그때 눈에 보이지는 않지만 성령 하나님의 권능이 풀어지고, 주의 천사들이 주의 말씀을 이루기 위해 일합니다.

PRAY

하나님 아버지, 이제까지 기도는 하늘에 계신 아버지께 간절히 아뢰는 것이라고만 생각해왔습니다. 하지만 기도가 영적 전쟁임을 다시 한 번 깨닫게 되었습니다. 주님이 저를 자녀로 삼아주셨는데도 여전히 보이지 않는 신에게 구하듯 기도했던 것을 회개합니다.

이제 예수 그리스도의 이름으로 어두움의 영적 권세를 묶고, 영이요 생명이신 주의 말씀에 제 마음을 합하여 하늘에서 이루어진 주님의 뜻이 이 땅에 실체로 이루어지도록 기도하겠습니다.

제가 기도할 때마다 성령님이 역사하시고 주의 천사들이 함께한다는 것이 너무나 감사하고 신이 납니다.

chapter 03

기도하기 전에,
먼저 하나님의 나라와 의를
구하라

하나님의 통치와 올바른 관계

성경 말씀을 읽으면 힘이 납니다. 말씀을 통해서 주님은 우리의
필요를 알고 계심을 말씀하시며, 우리를 도와주겠다고 약속하시기
때문입니다. 우리는 그 말씀을 보며 하나님께서 언제나 우리와 함께
하시는 것을 알고 어려움에 처할 때마다 기도합니다.

> 너희가 내 이름으로 무엇을 구하든지 내가 행하리니 이는 아버지로 하여금
> 아들로 말미암아 영광을 받으시게 하려 함이라 내 이름으로 무엇이든지 내게
> 구하면 내가 행하리라 요 14:13,14

일반적으로 기도하기 전에 우리는 자연스럽게 몇 가지를 생각하게 됩니다. 자신도 모르는 사이에 당연시했던 것들입니다. 그러나 우리가 당연시했던 생각들이 때로 우리와 하나님의 관계를 끊어지게 하고, 하나님이 원하시는 기도를 드리지 못하게 하는 경우가 얼마나 많은지 모릅니다. 예를 들면 이런 생각들입니다.

- 기도하기 전에 반드시 내 죄를 회개해야 한다. 그렇지 않으면 하나님이 내 기도를 듣지 않으신다.
- 하나님의 마음을 움직이기 위해서는 하나님을 기쁘시게 해야 한다.
- 하나님으로부터 무엇인가를 얻어내기 위해서는 세상에서 무엇인가를 얻어내기 위해서 행하는 것보다 더 최선을 다해야 한다.

언뜻 보기에 이런 생각들은 잘못되지 않은 것처럼 여겨집니다. 그러나 이런 생각들의 동기를 살펴보면 그렇지 않은 것을 알 수 있습니다.

먼저, 우리가 기도하기 전에 지금까지 살아오면서 하나님이 원치 않으시는 생각과 감정을 가졌던 것과 올바르지 못한 행동을 했던 것을 주님 앞에 내어놓으며 회개하는 것은 마땅합니다. 그러나 자신의 마음을 자세히 관찰해보면, 회개하는 일들이 늘 비슷한 패턴인 것을 알 수 있습니다.

즉, 우리가 보기에는 회개해야 할 일들이 다양해 보이지만, 실상은 모두가 변하지 않는 내 사고방식의 결과로 나타나는 변화되지 않는 행동들이라는 것입니다. 그러니 진정으로 회개해야 할 부분은 매번 동일한 패턴의 죄를 지을 수밖에 없는 자신의 마음입니다. 그런데도 우리는 그 마음을 주님께 회개함으로 내어드리지 않고 그 마음으로 인하여 비롯된 잘못된 생각과 일들만 주님께 내어드리고 있습니다. 진정한 회개는 죄를 지을 수밖에 없는 자신의 마음을 드리는 것이어야 합니다.

이에 예수께서 제자들에게 이르시되 누구든지 나를 따라오려거든 자기를 부인하고 자기 십자가를 지고 나를 따를 것이니라 마 16:24

하나님만으로 기뻐하라

두 번째 생각에 대해 알아봅시다. 우리는 항상 하나님을 기쁘시게 해야 하는데, 이것이 하나님의 특별한 은혜를 얻기 위해서 필수적으로 해야 할 일이라고 생각합니다. 우리는 가정 안에서 육신의 부모와의 관계로부터 자연스럽게 이런 생각을 배우며, 많은 이들이 이를 성경의 가르침이라고 여기고 있습니다.

또 여호와를 기뻐하라 그가 네 마음의 소원을 네게 이루어 주시리로다

시 37:4

이 같은 말씀들을 보면서 말입니다. 그러나 만약 하나님께서 우리의 속마음을 보신다면 쓴웃음을 지으실 것 같습니다. 왜냐하면 하나님 아버지 그분만으로 기뻐하는 것이 아니라 무언가를 얻어내기 위한 수단으로 기뻐하기 때문입니다.

하나님 아버지를 기쁘시게 하는 것에는 어떤 전제조건도, 의도도 있을 수 없습니다. 그저 우리가 그분의 생명을 받아 그분의 사랑을 느끼기 때문에 그 사랑을 나누고 돌려드리는 것이며, 그것이 기쁨이기 때문입니다.

그런데 우리는 오랫동안 이 세상에서 '존재하는 인간'(human being)이 아닌 '행동하는 인간'(human doing)으로 살아왔기 때문에 그 사고방식에서 벗어나지 못하고 있습니다. 우리는 우리의 문제와 상관없이 하나님 한 분만으로 기뻐할 줄 알아야 합니다. 내가 지금 영생을 지닌 자로서 숨 쉬고 있고, 하나님과 교제할 수 있다는 것 자체가 경이(驚異)요, 감사이고, 기쁨 그 자체임을 알아야 합니다.

> 예수를 너희가 보지 못하였으나 사랑하는도다 이제도 보지 못하나 믿고 말할 수 없는 영광스러운 즐거움으로 기뻐하니 벧전 1:8

하나님은 노력이 아니라 믿음을 요구하신다

세 번째로, 우리는 또한 '세상에서도 무언가를 얻어내기 위해서는 열심을 다해야 하는데, 하물며 하나님으로부터 무엇인가를 얻어내기 위해서라면 우리가 할 수 있는 최선을 다해야 하지 않겠는가'라고 생각합니다. 그래서 전심으로, 최선을 다해서, 간절히 그리고 끈질기게 기도해야 한다는 생각이 지배적입니다.

> 내가 너희에게 말하노니 비록 벗 됨으로 인하여서는 일어나서 주지 아니할지라도 그 간청함을 인하여 일어나 그 요구대로 주리라 눅 11:8

그렇게 끈질기게 드린 기도가 하나님이 정해놓으신 기준 이상으로 쌓였을 때, 마침내 하나님께서 그 마음을 돌리시고 우리를 도와주신다고 생각합니다. 언뜻 생각하기엔 맞는 말 같지만, 과연 하나님께서 그런 분이실까요? 하나님은 우리 육신의 아버지와 다르십니다. 하나님 아버지는 우리의 헌신과 노력을 원하시는 것이 아니라 예수 그리스도 안에서의 믿음을 요구하십니다.

> 그러므로 내가 너희에게 말하노니 무엇이든지 기도하고 구하는 것은 받은 줄로 믿으라 그리하면 너희에게 그대로 되리라 막 11:24

이 모든 것을 생각해보면, 우리가 지금 가지고 있는 가치관과 사고방식이 모두 육신의 가정과 세상에서 배우고 경험한 것에 기초한 것임을 알 수 있습니다. 예수님이 가르쳐주시고 약속하신 말씀은 이 땅의 것이 아니라 이 땅을 변화시키는 하나님나라의 법이며, 하나님나라에서만 적용할 수 있습니다. 더욱이 이 은혜의 약속은 세상 사람에게는 적용되지 않으며 오직 하나님의 자녀에게만 그 혜택이 주어집니다.

> 너희는 이 세대를 본받지 말고 오직 마음을 새롭게 함으로 변화를 받아 하나님의 선하시고 기뻐하시고 온전하신 뜻이 무엇인지 분별하도록 하라 롬 12:2

안타깝게도 우리는 지금까지 '기도하기 전에' 잘못된 사고방식을 제거하는 것보다 기도하는 방법과 내용에만 관심을 기울여왔습니다. 이제 '기도하기 전에' 먼저 하나님나라의 백성으로서 새로운 사고방식을 가져야 합니다. 그렇지 않으면 아무리 기도해도 하나님으로부터 온전한 은혜를 받아 누릴 수 없습니다.

> 새 사람을 입었으니 이는 자기를 창조하신 이의 형상을 따라 지식에까지 새롭게 하심을 입은 자니라 골 3:10

먼저 구해야 할 것

그러면 하나님의 자녀가 하나님과 올바른 교제를 나누기 위해서 '기도하기 전에' 알아야 할 가장 중요한 것은 무엇일까요? 그것은 바로 예수님이 가르쳐주신 마태복음 6장 30-33절의 말씀입니다. 오늘날 우리가 드리는 기도를 보면, 이 진리의 말씀은 외면한 채 그 외의 모든 것을 다 구하는 것처럼 보입니다.

> 오늘 있다가 내일 아궁이에 던져지는 들풀도 하나님이 이렇게 입히시거든 하물며 너희일까보냐 믿음이 작은 자들아 그러므로 염려하여 이르기를 무엇을 먹을까 무엇을 마실까 무엇을 입을까 하지 말라 이는 다 이방인들이 구하는 것이라 너희 하늘 아버지께서 이 모든 것이 너희에게 있어야 할 줄을 아시느니라 그런즉 너희는 먼저 그의 나라와 그의 의를 구하라 그리하면 이 모든 것을 너희에게 더하시리라 마 6:30-33

이 말씀을 요약하면 이렇습니다.

"하나님께서 모든 것을 돌보실 뿐만 아니라 우리의 필요를 먼저 알고 계신다. 따라서 이방인처럼 염려하며 이 세상에서 필요한 것을 추구하기 전에 먼저 하나님의 나라와 의를 구해야 한다."

삶 속에서 하나님께 기도한다는 것은 전쟁터 한복판에서 본부와 교신하는 것과 같습니다.

> 우리의 씨름은 혈과 육을 상대하는 것이 아니요 통치자들과 권세들과 이 어둠의 세상 주관자들과 하늘에 있는 악의 영들을 상대함이라 엡 6:12

전쟁영화를 떠올리면 쉽게 이해가 갈 것입니다. 한창 전쟁 중일 때는 승리의 기쁨을 누리기도 하지만, 적군의 공격으로 죽음 직전에 처하기도 합니다. 수적으로 우세한 적들이 최신 무기로 무장하고 공격해온다고 상상해보십시오.

아군이 가장 먼저 할 일은 본부에 무전을 쳐서 상황을 알리고 도움을 받는 것입니다. 무전병이 무전을 치기 위해서는 우선 전파가 잡히는 곳을 찾아내야 합니다. 현재 위치가 땅 속이라든지 두꺼운 벽에 싸여 있는 곳이라면 전파를 잡을 수 없기 때문입니다. 일단 전파가 잡히는 곳에 도달했다면 이제 서로 약속한 주파수를 맞추어야 합니다. 서로의 주파수가 맞아야 교신이 가능하기 때문입니다. 만약 무전병이 전파가 닿지 않는 곳에서 주파수도 맞추지 않은 채, 자신의 상황만을 간절히 끈질기게 알린다면 어떻게 본부에 전달되겠습니까?

어쩌면 우리의 기도가 이런 모양새는 아닐까요? 하나님께 도달되지 않는 기도를 드리면서, 응답이 없을 때마다 '하나님께서는 이렇게 생각하고 계실거야' 아니면 '내가 이렇기 때문에 하나님께서 응답하실 리 없어'와 같은 생각들을 하고 있지는 않습니까?

'기도하기 전에' 믿음을 가지고 먼저 그의 나라와 의를 구해야 합니다. 하나님의 나라와 의를 구한다는 것은 마치 무전병이 본부에 무전을 치기 전에 전파가 잡히는 곳을 찾아 주파수를 맞추는 것과 같습니다.

하나님의 나라는 하나님의 통치가 펼쳐지는 곳이며, 하나님의 통치는 하나님 영광의 임재 안에서 이루어집니다. 그러므로 우리가 기도하기 전에 무엇보다도 먼저 해야 할 일은 그분의 영광의 임재 안에 들어가는 것입니다. 다른 말로, 그분의 영광의 임재를 구해야 한다는 것입니다. 그분의 영광의 임재를 구하지 않고 기도하는 것은 마치 전파가 잡히지 않는 곳에서 무전을 치는 것과 같습니다.

또한 하나님의 의를 구한다는 것은, 그분의 뜻에 우리의 마음을 일치시키는 것입니다. 성경에 '의롭다'는 것은 '하나님과의 온전한 관계'(a right relationship with God, NLT)를 가진다는 뜻입니다(롬 5:18 참조). 우리는 기도의 내용을 말씀드리기 전에 먼저 하나님께 우리의 마음을 일치시켜야 합니다. 그럴 때 우리의 기도가 주님에게 상달되고, 주님의 뜻이 우리 마음에 부어집니다. 그분의 의를 구하지 않고 기도하는 것은 마치 주파수를 맞추지 않은 채 본부에 자기 상황만을 알리는 것과 같습니다.

마음을 새롭게 하라

"먼저 그의 나라와 의를 구하라"라는 말씀은 두 가지 측면에서 우리가 지금까지 가져온 사고방식과 전혀 다릅니다.

첫 번째, 이 말씀은 결핍과 욕구를 채우기 위해 필요한 눈에 보이는 것에 마음을 두기 전에 먼저 눈에 보이지 않는 것을 구하라는 것입니다. 그것이 바로 하나님의 영적 통치와 하나님과의 올바른 관계, 즉 그의 나라와 의입니다.

두 번째, 현재의 필요를 해결하기 위해서 우리의 기도를 통해 그 일(또는 그 문제)에 하나님을 개입시키는 것이 아니라 우리가 먼저 하나님의 영광 안에서 그분과 올바른 관계를 가질 때, 우리의 기도와 믿음을 통하여 눈앞의 문제들을 그분께서 해결하신다는 것입니다.

> 그러므로 너희가 그리스도와 함께 다시 살리심을 받았으면 위의 것을 찾으라 거기는 그리스도께서 하나님 우편에 앉아 계시느니라 위의 것을 생각하고 땅의 것을 생각하지 말라 이는 너희가 죽었고 너희 생명이 그리스도와 함께 하나님 안에 감추어졌음이라 골 3:1-3

그렇다면 하나님의 나라와 의를 구할 수 있는 실제적인 방법은 무엇일까요? 그것은 바로 깨어서 성령 안에 거하는 것입니다. 깨어 있다는 것은 관습과 전통적인 생각에서 벗어나 마음을 새롭게 하는 것입니다. 그렇다면 어떻게 마음을 새롭게 할 수 있습니까? 지금까지의 생각 대신에 다른 생각을 갖는 것일까요? 그렇지 않습니다. 자신의 마음을 부정하는 것이 마음을 새롭게 하는 것입니다. 그것이 바로 '기도하기 전에' 우리가 해야 할 전제조건(precondition)입니다.

마음을 새롭게 한다는 것은 더 이상 세상을 좇지 않고 하나님을 따르는 것입니다. 그러나 더 이상 세상을 좇지 않고 하나님을 따르는 주체가 여전히 우리의 마음이라면, 우리는 마음을 새롭게 하는 것이 무엇인지 알지 못하고 있는 것입니다. 즉, 하나님의 영에 의해 우리 혼과 육이 통치함을 받는 것이 무엇인지 아직 경험하지 못한 것입니다. 이 책을 읽어가면서 성령께서 은혜를 주셔서 이 부분에 새로운 영적 체험이 일어나기를 간절히 소망합니다.

POINT

하나님 아버지와 온전한 관계를 갖기 위해서는 내 마음의 태도, 헌신, 행위를 새롭게 하기보다 늘 그렇게 할 수밖에 없는 거짓자아를 부정하고 회개해야 합니다. 우리가 하나님의 자녀가 되었다면 우리의 결핍과 필요를 채우기 위해서 기도하는 것이 아니라, 나 자신을 부인하고 주님과 교제하며 주님의 뜻을 이루기 위해서 기도하는 것입니다.

그리고 올바른 기도를 하기 위해서는 먼저 하나님의 나라와 의를 구해야 합니다. 즉, 하나님의 영광의 임재 안에서 예수 그리스도를 통하여 하나님 아버지와 자녀의 올바른 관계를 가져야 합니다.

PRAY

주님, 기도 없이는 살 수 없다는 것을 잘 알고 있습니다. 그래서 힘들고 어려울 때마다 주님께 나아가 기도드렸습니다. 그럴 때마다 제가 저지른 죄와 하나님을 기쁘게 해드리지 못했던 일들을 회개하고 제 마음에 있는 것들을 고백하기에 바빴습니다.

솔직히 말씀드리면 간절히 기도하긴 했지만, 제가 드린 기도를 주님이 정말 온전하게 받으셨는지는 잘 모르겠다는 생각이 늘 있었습니다.

주님, 이제부터는 다르게 기도하겠습니다. 먼저 저의 거짓자아를 부정하고 하나님 아버지의 영광의 임재 안에서 자녀로서 기도드리겠습니다!

2

BEFORE YOU PRAY

새로운
정체성으로
기도하라

chapter 04

기도하기 전에,
자신이 누구인지를
알아야 한다

겉사람의 후패, 속사람의 새로움

성경에는 '옛 사람과 새 사람', '겉사람과 속사람'이라는 표현이 많이 나옵니다. 하지만 그것이 무엇을 의미하는지 제대로 아는 사람은 많지 않은 것 같습니다.

흔히 우리는 자기 마음이 자기인 줄 알고 살아갑니다. 그렇지 않습니다. 우리에게는 마귀의 본성을 나타내는 죄성이 있으며, 그것이 바로 타락한 우리의 본래 자아입니다. 성경은 그것을 '옛 자아, 옛 본성'이라고 합니다.

그런데 마귀는 우리를 속여서 우리의 마음이 자기라고 믿게 만들었습니다. 그것이 바로 거짓자아이며, 소위 심리학에서 말하는 에고(ego)라고도 할 수 있습니다.

우리는 살면서 자신의 마음이 자기라고 믿게 하는 거짓자아에 속아서 그 마음의 생각과 감정에 따라 웃기도 하고, 울기도 하며, 슬퍼하기도 하고, 미워하기도 합니다. 그럴 때 그 마음은 관계, 질병, 가난, 고난과 같은 세상 일에 묶이고, 세상을 통치하는 마귀들이 유혹과 시험 등으로 그 마음을 흔들 때마다 희로애락을 경험하게 됩니다.

자기 마음이 자기라고 생각하는 것은 마치 컴퓨터에 설치된 프로그램이 컴퓨터를 조종하는 주체라고 착각하는 것과 마찬가지입니다. 진정한 컴퓨터의 주체는 그 컴퓨터 안에 있는 프로그램이 아니라 컴퓨터를 통제하기 위해서 자판을 두드리는 사람입니다. 만일 그 컴퓨터를 다루는 사람이 프로그램을 바꾸면 결과도 다르게 나오게 됩니다.

성경은 타락으로 말미암아 마귀의 본성과 연합된 옛 자아에 기초하여 살아가는 사람을 옛 사람이라고 합니다. 옛 사람이 옛 자아로 인하여 형성된 (자기 마음의 생각이나 감정을 자기라고 믿게 하는) 거짓자아로 살아가는 것은 당연합니다.

한 가지 분명한 것은, 예수 그리스도를 믿기 전에는 우리도 이런 삶을 살았다는 것입니다. 하지만 예수 그리스도로 인하여 내 죄가 사함 받았을 때, 마귀의 본성에 연합된 옛 자아, 옛 본성도 십자가에 못 박혀 죽었습니다.

> 우리가 알거니와 우리의 옛 사람이 예수와 함께 십자가에 못 박힌 것은 죄의
> 몸이 죽어 다시는 우리가 죄에게 종노릇하지 아니하려 함이니 롬 6:6

구원받은 자는 주님이 주신 새 생명으로 인한 새로운 자아, 즉 그리스도와 연합한 자아를 가지게 됩니다. 그러한 새로운 자아에 기초하여 살아가는 사람을 성경은 새 사람이라고 말합니다.

> 너희는 유혹의 욕심을 따라 썩어져 가는 구습을 따르는 옛 사람을 벗어 버리
> 고 오직 너희의 심령이 새롭게 되어 하나님을 따라 의와 진리의 거룩함으로
> 지으심을 받은 새 사람을 입으라 엡 4:22-24

새 사람의 주체

"오직 너희의 심령이 새롭게 되어"(Instead, let the Spirit renew your thoughts and attitudes, NLT)라는 에베소서 4장 23절의 말씀을 통해 알 수 있듯이, 예수 그리스도 안에 있는 우리 삶의 주체는 내 마음이 아니라 우리 심령 안에 계신 성령님이십니다. 성령님에 의해서 마음의 태도와 생각이 매순간 새롭게 되어가는 사람이 바로 새 사람입니다. 이러한 삶은 영적 존재의 특징이기도 합니다.

좀 더 구체적으로, 성경은 자신의 마음이 자기라고 믿는 거짓자아에 기초하여 살아가는 사람을 '겉사람'이라고 부르고, 그리스도와 연합한 자아(새 생명에 기초한 자아), 곧 성령님에 의하여 그리스도 의식에 기초하여 살아가는 사람을 '속사람'이라고 합니다.

> 그의 영광의 풍성함을 따라 그의 성령으로 말미암아 너희 속사람을 능력으로 강건하게 하시오며 엡 3:16

즉, 우리가 중생(重生)하여 구원받았을 때 마귀의 영이 떠나가고 하나님의 생명이 임함으로 우리의 옛 본성은 사라졌고, 그것에 기초한 옛 사람도 당연히 죽었으며(롬 6:6 참조), 우리는 새 사람이 되었습니다.

우리의 옛 사람이 십자가에 못 박히고, 새 사람이 되었다면 더 이상 옛 본성은 없으며, 우리가 인식하지 못할지라도 우리 안에는 새 본성(새 생명 안의 새로운 자아)이 있습니다. 그러나 실제 삶에서는 얼마든지 여전히 겉사람이 주체가 된 삶을 살 수 있습니다. 즉, 과거 옛 자아의 영향을 받은 타락한 마음이 여전히 자기라고 생각하는 거짓자아에 속아서 살 수 있다는 것입니다. 그것이 바로 '육신대로 산다'는 말입니다.

그러므로 형제들아 우리가 빚진 자로되 육신에게 져서 육신대로 살 것이 아

니니라 너희가 육신대로 살면 반드시 죽을 것이로되 영으로써 몸의 행실을
죽이면 살리니 롬 8:12,13

이것을 다르게 표현하면, 우리가 영적으로는 새로운 존재가 되었지만 실제 삶에서는 얼마든지 여전히 옛날과 동일한 삶을 살 수 있다는 말입니다. 이것은 또한 우리가 구원받았음에도 불구하고 어떻게 여전히 동일한 죄를 지을 수 있는지에 대한 이유가 되기도 합니다.

육으로 난 것은 육이요 영으로 난 것은 영이니 요 3:6

내가 행하는 것을 내가 알지 못하노니 곧 내가 원하는 것은 행하지 아니하고
도리어 미워하는 것을 행함이라 롬 7:15

나는 새로운 피조물

이 진리를 제대로 깨닫는다면, 현실의 삶이 어떠하든 우리는 예수 그리스도 안에서 새로운 피조물로서 영적 존재가 되었다는 사실을 알게 됩니다.

그러나 이것은 우리 마음이 스스로 알거나 체험할 수 있는 것이 아닙니다. 성령님이 우리 혼과 육을 통치할 때 비로소 하나님의 영이 우리의 영과 더불어 우리가 하나님의 자녀인 영적 존재인 줄 알게 하

십니다. 비록 현실적으로는 종종 죄에 넘어지는 삶을 살고 있다 할
지라도 말입니다.

> 성령이 친히 우리의 영과 더불어 우리가 하나님의 자녀인 것을 증언하시나니
>
> 롬 8:16

이 비밀을 깨달은 사도 바울은 예수 그리스도 안에서 하나님께
감사했으며, 비록 자신의 육신이 죄를 지었을지라도 더 이상 자신을
정죄하지 않게 되었습니다.

왜냐하면 자신의 속사람은 죄를 지을 수 없는 존재임을 알았고,
죄를 지은 것은 진정한 자아가 아니라 거짓된 마음이라는 것을 알
았으며, 거짓된 마음의 표면의식이 아무리 하나님을 섬기기를 원한
다 해도 이미 잠재의식에 들어 있는 죄악 된 성향이 자신의 온 마음
을 지배하고 있기 때문입니다.

> 내 속사람으로는 하나님의 법을 즐거워하되 내 지체 속에서 한 다른 법이 내
>
> 마음의 법과 싸워 내 지체 속에 있는 죄의 법으로 나를 사로잡는 것을 보는
>
> 도다 … 우리 주 예수 그리스도로 말미암아 하나님께 감사하리로다 그런즉
>
> 내 자신이 마음으로는 하나님의 법을 육신으로는 죄의 법을 섬기노라 그러므
>
> 로 이제 그리스도 예수 안에 있는 자에게는 결코 정죄함이 없나니
>
> 롬 7:22-8:1

우리가 이 진리를 깨달았다면 더 이상 우리 마음의 생각과 느낌에 기초해서 자신의 정체성을 규정하지 말아야 합니다. 이제 영적으로 깨어서 그리스도 안에서 말씀을 통하여, 그리고 우리를 자녀로 인치시는 성령의 역사에 기초해서 자신을 규정해야 합니다. 그리고 그것에 기초해서 "나는…"이라고 말해야 합니다. (그리스도 안에 있는) '나'는 과거 하나님의 생명이 없었던 (마귀의 본성에 의해 만들어진 거짓 자아인) '나'와 본질적으로 다릅니다. 그리스도인의 모든 의식의 시작은 바로 이 '그리스도 안에 있는 나'로부터 비롯되어야 합니다.

현재 우리가 처한 상황이 어떻다 할지라도 그 현실에 묶여 있는 거짓자아에 기초한 '나'가 아니라 그리스도 안에 있는 '나'가 모든 생각과 감정의 기초가 되어야 합니다. 그럴 때 우리의 마음이 우리를 통치하는 것이 아니라 성령께서 우리의 마음을 새롭게 하심으로 비로소 변화된 내 마음을 경험할 수 있게 됩니다. 나아가 그리스도의 능력이 내 속사람으로부터 나타나게 되는 것을 체험하게 됩니다.

그러므로 우리가 낙심하지 아니하노니 우리의 겉사람은 낡아지나 우리의 속 사람은 날로 새로워지도다 고후 4:16

믿음으로 알 수 있다

다시 한 번 말하지만 내 마음으로는 내 안에 있는 새로운 자아를 깨달을 수 없습니다. 왜냐하면 내 마음은 육에 속한 것이고 새로운 자아는 영에 속한 것이기 때문입니다. 만약 내 마음으로 내 존재를 깨닫는다면 그것은 마음이 만들어낸 허상일 뿐입니다. 새로운 자아 안에서 역사하시는 성령님이 내 마음에 찾아오실 때, 비로소 우리 마음은 그 생명을 체험할 수 있게 됩니다. 우리는 그것을 믿음으로 받아들이는 것입니다.

예수님이 가르치신 말씀을 생각해보십시오.

이에 예수께서 제자들에게 이르시되 누구든지 나를 따라오려거든 자기를 부인하고 자기 십자가를 지고 나를 따를 것이니라 마 16:24

속사람이 아니라 거짓자아가 주체인 겉사람으로 생각하면 자기를 부인하고 자기 십자가를 진다는 것은 곧 죽음입니다. 쉽게 말해서, 끝이라는 말입니다. 그럼에도 불구하고 예수님은 죽어야만 예수님을 따를 수 있다고 말씀하셨습니다.

이 말씀은 죽음이 끝이 아니라 그 너머에 우리가 경험할 수 있는 새로운 자아가 있다는 것을 의미합니다. 지나간 과거의 경험에 기초하여 현재의 자신을 의식하는 것을 부정하고, 또한 오지 않은 미래를 붙들고 현재의 자신을 유지하고자 하는 것을 십자가에 못 박을 때, 비로소 거짓자아는 죽고 그리스도 안에 있는 새로운 자아가 살게 됩니다.

그런데 거짓자아에 속아 죽기를 두려워하기 때문에 여전히 마귀의 종노릇을 하게 되는 것입니다.

> 또 죽기를 무서워하므로 한평생 매여 종노릇하는 모든 자들을 놓아 주려 하심이니 히 2:15

신앙의 출발점은 그리스도이지 '거짓자아인 나'가 아닙니다. 우리는 영적 존재입니다.

그런데 안타깝게도 우리가 이미 영생을 누리고 있으며 영원히 존재하시는 그리스도 안에 존재한다는 것을 모르는 성도들이 너무나 많습니다. 그들은 여전히 자기 의로 하나님을 위해서 살아갑니다. 하나님께서는 그런 사람을 보고 '힘써 하나님의 의에 복종하지 않는 자'라고 말씀하십니다.

> 내가 증언하노니 그들이 하나님께 열심이 있으나 올바른 지식을 따른 것이 아니니라 하나님의 의를 모르고 자기 의를 세우려고 힘써 하나님의 의에 복종하지 아니하였느니라 롬 10:2,3

바로 이 사실을 깨닫지 못했기에 사도 바울 역시 처음에는 예수 믿는 자들을 감옥에 가두기 위해 잡으러 다녔던 것입니다.

그러나 그는 마침내 복음에는 내 의가 아니라 하나님의 의가 나타난다는 것을 깨달았습니다. 내가 행하고 거룩해진 만큼, 내가 노력한 만큼 하나님으로부터 뭔가를 얻어내는 것이 아니란 것을 알게 되었습니다. 그래서 "믿음으로 믿음에 이르게 하나니 기록된 바 오직 의인은 믿음으로 말미암아 살리라"(롬 1:17)라고 선포한 것입니다. 아멘!

> 내가 복음을 부끄러워하지 아니하노니 이 복음은 모든 믿는 자에게 구원을 주시는 하나님의 능력이 됨이라 롬 1:16

'나'를 착각하다

우리가 구원받은 후 우리 안에 이미 새로운 자아가 있음에도 불구하고, 우리의 마음이 그 존재를 인식하지 못하기 때문에 우리는 여전히 유혹의 욕심을 따라 썩어져 가는 구습을 좇는 자신의 마음이 자기인 줄 착각하게 됩니다. 그리고 자신이 예수 그리스도를 믿고, 자신이 신앙생활하고, 자신이 하나님을 위해서 헌신하는 삶을 살게 됩니다. 그렇게 사는 사람이 '겉사람'입니다.

그런 사람은 삶에 문제가 생길 때마다 자신의 마음이 자기인 줄 알고 "주님, 어떻게 하면 되겠습니까?", "주님, 저를 이 환난에서 건져주옵소서", "제가 얼마나 더 헌신하면 됩니까?"라고 기도합니다. 결국 자신의 마음이 자기라고 생각하는 사람은 자기 문제를 해결하는 데 하나님을 이용하는 사람일 수밖에 없습니다.

이런 사람은 세상적 사고방식을 따르기에, 우리가 끈질기고 간절하게 기도하면 하나님께서 마침내 이루어주실 것이라는 믿음을 가지고 있습니다.

그렇지만 우리가 새로운 자아로 살게 될 때, 곧 그리스도 의식 안에 거할 때, 우리의 마음이 여전히 과거와 동일할지라도 그것이 진정한 자신이 아니라는 것을 깨닫게 됩니다.

따라서 고난과 질병이 닥치더라도 더 이상 '내가 무엇을 해야 할까?'라는 방식으로 문제를 해결하려 하지 않습니다. 문제에 대한 자기 마음의 여러 가지 생각이나 느낌에 자신을 빼앗기는 대신, 먼저 그 자신의 마음을 부정하고 성령의 소욕에 인도함을 받음으로 그리스도 의식 안으로 들어갑니다. 그리고 자신의 마음을 주님께 드림으로 주 안에서 그리스도 의식으로 문제를 보기 시작하는 것입니다. 그럴 때 '내가 어떻게 하는가'가 아니라 '그리스도께서 어떻게 하시는가'를 알게 됩니다.

더 이상 속지 말라

그러므로 이제 더 이상 자신의 마음이 자기라고 믿는 거짓자아(겉사람)에 속지 말고, 그리스도 의식으로부터 흘러나오는 하나님의 성품과 권능이 우리 마음에 충만하도록 하여, 자신의 마음이 하나님 영광의 통로, 하나님의 말씀을 이루는 통로가 되도록 해야 합니다. 그것이 본래 타락 전 우리 마음의 역할이었습니다.

그러므로 마음에 잡다하고, 불필요하고, 부정적이며, 허망하고, 허탄하고, 추하고, 악한 생각과 감정이 떠오를 때마다 그것이 진정한 자기가 아님을 알고 새로운 자기의식, 즉 그리스도 의식을 가져야 합니다.

그리고 그 의식으로부터 자기 마음(거짓자아)의 활동을 관찰할 줄 알아야 합니다. 그럴 때 의와 희락과 평강이 그 마음에 흘러가기 시작합니다. 하나님의 성품이 자신의 마음에 흘러가면 자기 경험과 사고방식에 기초해서 만들어진 모든 생각과 감정이 눈 녹듯이 사라질 것입니다. 이는 마치 빛이 임하면 어두움이 물러나는 것과 같습니다.

> 누가 철학과 헛된 속임수로 너희를 사로잡을까 주의하라 이것은 사람의 전통과 세상의 초등학문을 따름이요 그리스도를 따름이 아니니라 그 안에는 신성의 모든 충만이 육체로 거하시고 너희도 그 안에서 충만하여졌으니 그는 모든 통치자와 권세의 머리시라 골 2:8-10

우리 마음이 세상의 물질에 묶이고, 사람에 묶이고, 돈에 묶이고, 관계에 묶여서 헤매다가 결국 죽도록 만드는 것이 마귀의 일입니다. 그러나 우리가 깨어 있다면 질병이 오고, 가난이 오고, 상황이 좋지 않더라도 "상황이 이러하고 질병은 있지만 나는 아무런 문제가 없습니다", "나는 온전합니다", "나는 그리스도 안에 있습니다"라고 말할 수 있어야 합니다.

실제로 염려, 걱정, 근심, 두려움, 불안, 욕구, 결핍 등과 같은 문제를 만드는 것은 누구입니까? 우리 마음이 만드는 것뿐입니다. 우리 마음을 내려놓기 시작할 때, 그리스도 안에 진정한 내가 있다는 사실을 알 때, 그때부터 예수 그리스도의 능력이 나타납니다. 그것이 바로 내 속에서 능력으로 역사하시는 자의 능력을 따라 최선을 다하는 삶을 사는 것입니다.

> 이를 위하여 나도 내 속에서 능력으로 역사하시는 이의 역사를 따라 힘을 다
> 하여 수고하노라 골 1:29

우리가 그리스도 안에 거할 때 주의 말씀이 살아 움직이기 시작하고, 그 말씀이 우리 마음을 온전히 사로잡을 때 우리도 모르게 그 말씀이 마음으로 믿어지게 되고, 그 마음에 가득 찬 것을 입으로 말하게 됩니다.

즉, 실제 상황과 환경이 전혀 그렇지 않다 할지라도 생명의 말씀에 마음이 사로잡혀서 믿어지는 대로 행동하는 것입니다. 그때 기적을 경험하게 됩니다. 할렐루야!

> 내가 진실로 너희에게 이르노니 누구든지 이 산더러 들리어 바다에 던져지라

하며 그 말하는 것이 이루어질 줄 믿고 마음에 의심하지 아니하면 그대로 되
리라 막 11:23

우리는 '기도하기 전에' 기도하는 내가 누구인지를 먼저 알아야 합
니다. 그렇지 않으면 결국 혼적 기도를 할 수밖에 없습니다. 하나님
은 영이십니다. 우리는 하나님과 영으로 교제할 줄 알아야 합니다.

그러기 위해서는 먼저 자기의 마음이 자기라고 생각하는 그 자체
를 부정하고, 그리스도 안에서 기도해야 합니다. 실제로 우리가 기
도할 때 성령님께서 제일 먼저 하시는 일이 우리로 하여금 자신의 마
음에서 벗어나 하나님의 의를 회복하도록 하는 것입니다.

마귀의 본성에 기초한 자아를 옛 본성 또는 옛 자아라고 합니다. 반대로 하나님의 본성에 기초한 자아를 새 생명 안에 있는 자아, 그리스도와 연합된 자아 또는 그리스도 의식이라고 합니다. 옛 본성에 기초하여 살아가는 사람을 옛 사람, 새 본성인 그리스도 의식으로 살아가는 사람을 새 사람이라고 합니다.

우리가 구원받았을 때 옛 본성이 죽고 그리스도 의식을 가진 새 사람이 되었지만, 여전히 우리 마음은 거짓자아에 속아서 그 마음이 자신이라고 믿습니다. 그렇게 자기 마음이 자신이라고 생각하며 사는 사람을 겉사람이라고 부릅니다.

성령 안에서 이것을 깨닫지 못하면 비록 그리스도인이 되었다 할지라도 겉사람에 의해 세상 사람과 동일한 삶을 살게 됩니다. 그러나 성령세례를 통해 자신의 혼과 육이 주님께 통치함 받게 되면, 그때부터 성령 안에서 주님의 말씀으로 자신의 마음을 새롭게 하여 겉사람은 후패하지만 속사람은 날로 새로워지는 삶을 살게 됩니다.

우리는 '기도하기 전에' 자신이 겉사람으로 하나님과 교제하는지, 속사람으로 교제하는지 알아야 합니다. 우리가 성령 안에서 늘 깨어 있어야 하는 이유는 바로 속사람으로 하나님과 교제하기 위해서입니다.

PRAY

하나님 아버지, 마음을 다해 기도하지만 제 마음을 저도 모를 때가 너무 많았습니다. 이제는 옛 사람과 새 사람 그리고 겉사람과 속사람의 차이를 알았습니다. 그리고 제가 하나님을 사랑하고 말씀대로 살기 원했음에도 불구하고 왜 그렇게 살지 못했는지도 알았습니다. 이제부터는 삶 속에서 설령 죄를 짓는다 할지라도 더 이상 저를 정죄하지 않겠습니다. 왜냐하면 주님 안에서 새롭게 된 저의 본질은 더 이상 죄를 지을 수 없는 존재라는 것을 알았기 때문입니다.

이제부터 성령 안에서 지금껏 나라고 생각했던 제 마음(거짓자아)을 새롭게 해나가는 것을 배우겠습니다. 영으로써 몸의 행실을 죽이는 삶을 알게 하신 하나님께 감사와 영광을 올려드립니다!

chapter **05**

기도하기 전에,
거짓자아의 허상에서
벗어나라

심리적 시간과 상상 없애기

진정한 기도는 자신의 마음에서 벗어나 그리스도 안에 거하는 것이며, 성령님을 통하여 하나님과 교제하는 것입니다. 우리는 더 이상 자기 마음이 자신이라고 믿게 하는 거짓자아에 속지 말아야 합니다. 그 대신 새 생명 안에 있는 자아, 곧 그리스도 의식이 우리 마음을 날마다 변화시켜 하나님의 영광을 드러내는 통로가 되게 해야 합니다.

우리는 예수님 안에서 새로운 피조물로서 영적 존재이지만, 현실의 삶에서는 여전히 마귀의 속임에서 벗어나지 못할 때가 많습니다.

그 이유는 자기 마음의 생각과 감정이 자신이라고 속이는 거짓자아에 여전히 속고 있기 때문입니다. 그래서 예수님은 우리가 혼적 죽음을 먼저 경험할 때 비로소 영적 존재로서의 새로운 삶을 살 수 있다고 말씀하셨으며(마 16:24,25 참조), 사도 바울은 육의 생각 대신에 영의 생각으로 살아야 한다고 했습니다(롬 8:6,7 참조).

또한 성경은 우리의 속사람(예수 그리스도 안에서 성령의 인도함을 받는 자아)으로 우리의 마음을 새롭게 하여 거짓자아에 기초한 겉사람이 날마다 썩어 없어지도록 해야 한다고 말합니다.

> 그러므로 우리가 낙심하지 아니하노니 우리의 겉사람은 낡아지나 우리의 속사람은 날로 새로워지도다 고후 4:16

하나님의 자녀인 우리는 이 땅에 도래한 하나님나라에서 속사람에 기초한 영적 생각으로 살아가야 합니다. 영적 생각은 우리가 태어나서 지금까지 경험하고 배워온 육의 생각(겉사람에 기초한)과는 다릅니다. 우리는 늘 성령과 말씀으로 우리의 마음을 새롭게 해야 합니다.

만약 내 마음이 나라고 생각한다면, 그 일은 불가능합니다. 문제는 바로 마음인데, 그 마음으로 자신을 변화시키려고 애쓰는 사람이 얼마나 많은지 모릅니다. 우리는 자신이 아니라 성령께서 말씀을 내 마음에 풀어주심으로 변화되어야 합니다(엡 4:23 참조).

그의 나라와 의를 구하는 방법

'기도하기 전에' 가장 먼저 해야 할 일은 이미 말씀드린 것처럼 그의 나라와 의를 구하는 일입니다. 그렇다면 매일의 삶에서 어떻게 그의 나라와 의를 구할 수 있을까요? 첫 번째는 '육적인 동일시'로부터 벗어나는 것이고, 두 번째는 심리적 시간과 상상을 제거하는 것입니다. 이 두 가지 깨달음과 훈련이 그의 나라와 의를 구하는 실제적인 방법입니다.

거짓자아는 과거의 경험을 자신과 동일시함으로 자신의 정체성을 유지합니다. 실제 우리 마음의 생각을 가만히 살펴보면 경험으로 자신이 관계한 모든 것을 자신과 결부시키는 것을 알 수 있습니다. 예를 들어, 내가 경험한 대상들, 즉 내 집, 내 남편(아내), 내 자식, 내 돈, 내 직업 등의 모든 것을 자신과 동일시하는 것입니다. 그리고 그것에 문제가 생기면 자신이 고통을 받게 되는 것입니다. 왜냐하면 그 대상이 자기가 되어버렸고, 이제는 그 대상의 종노릇을 하고 있기 때문입니다. 본래 돈, 집, 직업 등 모든 것이 내 존재를 위해서 필요한 것들인데, 동일시로 인하여 이제는 그 대상의 종이 되어버린 것입니다.

> 너희 자신을 종으로 내주어 누구에게 순종하든지 그 순종함을 받는 자의 종이 되는 줄을 너희가 알지 못하느냐 혹은 죄의 종으로 사망에 이르고 혹은 순종의 종으로 의에 이르느니라 롬 6:16

마귀는 바로 이 대상을 통하여 우리를 도둑질하고 죽이고 멸망시키는 것입니다. 우리는 거짓자아가 대상에 묶여 있는 것으로부터 벗어나야 합니다.

'심리적 시간과 상상'이란 지금 이 순간을 있는 그대로 보지 못하게 하는 겉사람, 즉 거짓자아가 만들어낸 '허상'을 말합니다. '허상'이란 실재가 아니라 오감을 통해 들어온 외부의 정보를 우리 마음이 자신의 경험과 사고 작용에 따라 만들어낸 어떤 이미지를 말합니다.

범죄한 이후 인간에게서 하나님의 영광이 떠났고, 그 결과 우리의 심령은 깨어졌습니다. 우리의 본성은 더 이상 하나님을 나타내는 것이 아니라 마귀를 나타내는 존재로 변해버렸습니다.

하나님의 생명으로부터 우리 마음에 부어지던 모든 것이 사라졌고, 그 결과 우리의 마음은 버림받은 느낌, 공허함, 무가치함 등에 시달리게 되었습니다. 그리고 그 마음이 자기 자신이라고 믿는 거짓자아에 속아 살게 되었습니다. 그것이 바로 겉사람의 삶입니다.

우리 마음은 늘 결핍으로, 욕구로, 그리고 생각과 감정에의 집착으로 가득 차게 되었습니다. 따라서 육신이 숨 쉬는 동안 자기 자신에 대한 부족함과 결핍과 공허함에 시달리고 있는 겉사람은 항상 지금 이 순간을 있는 그대로 받아들이지 못하고 무의식적으로 저항하고 부정합니다. 그것이 타락한 마음의 속성입니다.

과거에 속고 미래에 붙들린 삶

거짓자아는 과거의 경험을 자신과 동일시함으로 자신의 정체성을 유지합니다. 다시 말해서, 이미 지나간 과거의 경험을 현재의 생각으로 떠올리며 그것을 '나는', '내가'라고 말합니다. 즉, 자기라고 믿는 것입니다.

한편 그 내면은 하나님의 영광이 떠난 결과로 늘 결핍과 욕구에 시달리지만, 그것이 괴롭고 두려운 나머지 현재 있는 그대로를 직면하는 대신, 지금은 아니지만 미래에 자신이 원하는 것을 채울 것이라는 '허구적 믿음'(오지 않은 미래를 지금의 생각으로 붙드는 것)을 갖습니다.

대저 그 마음의 생각이 어떠하면 그 위인도 그러한즉 잠 23:7

또 이르시되 사람에게서 나오는 그것이 사람을 더럽게 하느니라 막 7:20

내 백성이 두 가지 악을 행하였나니 곧 그들이 생수의 근원되는 나를 버린 것과 스스로 웅덩이를 판 것인데 그것은 그 물을 가두지 못할 터진 웅덩이들이니라 렘 2:13

이미 지나간 과거의 경험에 의해 만들어진 상처와 쓴 뿌리를 지금의 자신과 동일시하는 것은 어리석은 일임에도 불구하고 우리는 그것에서 벗어나지 못하고 있습니다. 지금의 자신은 과거의 경험에 의해서 만들어진 거짓자아가 아니라 하나님의 생명에 의해 새롭게 된 자아인데 말입니다.

아직 오지 않은 미래를 지금 자신의 생각으로 붙들 때 나타나는 염려와 걱정에 매여 사는 것은 어리석은 일임에도 그것을 제대로 직시하지 못합니다. 그래서 예수님은 "내일 일을 위하여 염려하지 말라"라고 말씀하신 것입니다.

> 그러므로 내일 일을 위하여 염려하지 말라 내일 일은 내일이 염려할 것이요 한 날의 괴로움은 그 날로 족하니라 마 6:34

변질된 마음은 하나님의 영광을 드러내야 할 본래의 기능을 하지 못하고, 이미 지나간 과거를 붙들어 자기 정체성을 유지하는 한편, 아직 오지 않은 미래에 자신의 성취를 기대하고 있습니다. 이것이 바로 마음이 만들어낸 '심리적 시간'으로, 실제 시계가 가리키는 시간이 아니라 자기 마음속에서 만들어낸 시간을 말합니다.

그러한 생각으로 인해 우리 마음은 늘 두려움과 불안과 염려에 시달리고, 쾌락과 판단으로 가득 차게 됩니다. 이것이 바로 심리적 시간에 기초한 상상입니다. 이런 생각과 감정들은 실재에 기초한 것이 아니라 타락한 마음이 만들어낸 허상일 뿐입니다.

우리가 예수 그리스도 안에서 성령과 말씀의 인도함을 받을 때에야 비로소 이런 심리적 시간과 상상이 만들어낸 허상에서 벗어나 자신과 세상으로부터 진정한 자유를 누릴 수 있게 됩니다. 지금 이 순간을 있는 그대로 볼 수 있으며, 주님의 뜻이 무엇인지를 알 수 있고, 주님이 우리를 통해 역사하실 수 있게 됩니다.

우리는 '기도하기 전에' 먼저 속사람의 마음을 갖는 것을 훈련해야 합니다. 즉, 무의식적으로 '지금 나는 부족해', '나는 너무 약해', '지금은 아니야. 그렇지만 언젠가 나중에는…', '좀 더 노력하면…', '좀 더 무엇을 하면…'과 같이 현재의 자신을 부정하고 막연한 훗날을 기대하는 마음에서 벗어나야 합니다.

이러한 심리적 시간과 상상이 우리의 기도를 막고 있는 가장 큰 장해물인 것을 알아야 합니다. 즉, 이는 하나님의 뜻을 알지 못하게 하고 자신의 방식대로 하나님과 교제하게 합니다. 기도의 응답은 우리의 노력이 일정 기준 이상 될 때 일어나는 것이 아니라 겉사람의 생각이 사라지는 '지금 여기에서' 일어납니다.

겉사람의 거짓말에 속지 말라

'기도하기 전에' 우리는 먼저 그의 나라와 의를 구해야 하며, 심리적 시간과 상상을 제거하는 것이 중요하다고 했습니다. 이것을 전기와 전등의 비유로 설명해보고자 합니다. 전기를 하나님의 생명에 비유하는 것은 불경스러울 수 있지만, 하나님과 우리의 관계를 조금 더 쉽게 이해할 수 있도록 단지 하나의 비유로 드는 것뿐입니다.

콘센트에서 흘러나오는 전기는 하나님으로부터 오는 생명이고, 전등이 우리 자신이며, 전등에 불이 들어오는 것이 기도의 응답을 받는 것이라고 가정해봅시다. 그런데 콘센트에 꽂은 전선의 두 가닥 중 한 선은 이미 전등의 전선과 연결되어 있고, 다른 선은 떨어져 있다고 합시다. 이 상태는 그의 나라와 의를 구하는 하나님의 자녀와 같습니다.

하나님의 나라는 하나님의 통치를 말하며, 하나님 영광의 임재를 뜻합니다. 따라서 지금 한 전선에 전기가 흐르고 있다면 우리는 예수 그리스도 안에 있고 성령님이 우리 안에 내주하심으로 하나님의 통치를 받을 준비가 되어 있는 것입니다.

그러나 하나님나라가 임했지만 아직 그분의 통치가 이루어진 것은 아닙니다. 통치가 실제로 이루어지기 위해서는 우리가 의롭게 되어야 합니다. 의롭다는 것은 하나님과 올바른 관계가 된다는 것으로, 하나님의 생명이 우리의 혼과 육에 흘러가는 것이며, 다른 말로 성령님의 인도함을 받는다는 것입니다. 이는 지금 떨어져 있는 나머지 한 가닥의 전선이 연결될 때 마침내 전류가 전등에 흐르게 되는 것과 같습니다.

나머지 한 가닥의 전선까지 연결되어야 전등에 불이 들어오는 것처럼 우리가 의롭게 될 때 하나님의 생명이 우리의 혼과 육을 통치하게 되는 것입니다. 우리가 의롭게 되는 것은 우리의 자발적인 의탁에 달려 있습니다. 그것이 바로 자신을 부인하고 자기 십자가를 지는 것입니다.

두 전선이 연결되면 그것이 전등이든 냉장고든 에어컨이든 상관없이 작동됩니다. 마치 성경에서 "그의 나라와 그의 의를 구하라 그리하면 '이 모든 것을' 너희에게 더하시리라"(마 6:33)라고 말씀하신 것과 같습니다. 하나님의 응답은 그의 나라와 의를 구하는 순간 '지금 여기에서' 일어납니다.

그런데 문제는 이 두 전선을 연결하는 데 있습니다. 우리의 거짓 자아가 만들어낸 심리적 시간과 상상은 '지금 여기에서는' 안 된다고 믿고 있습니다.

다른 말로 '나는 해도 안 될 것 같다'거나 '지금은 아니고 언젠가 될 것이다'라고 생각하는 것입니다. 그것은 그리스도 안에 새로운 자아가 아니라 마음이 만들어낸 거짓자아가 생각하는 내용입니다. 겉사람에서 벗어나 속사람으로 기도하지 않으면 우리는 늘 이렇게 심리적 시간과 상상에 묶이게 됩니다.

> 그를 향하여 우리가 가진 바 담대함이 이것이니 그의 뜻대로 무엇을 구하면 들으심이라 우리가 무엇이든지 구하는 바를 들으시는 줄을 안즉 우리가 그에게 구한 그것을 얻은 줄을 또한 아느니라 요일 5:14,15

겉사람을 제거하는 것은 사도 바울이 '수건을 벗어야 한다'고 한 것과 같은 말입니다. 자신의 본질이 겉사람이 아니라는 사실을 알 때 비로소 우리는 그리스도 안에 있는 진정한 자아를 알게 됩니다.

> 그러나 그들의 마음이 완고하여 오늘까지도 구약을 읽을 때에 그 수건이 벗겨지지 아니하고 있으니 그 수건은 그리스도 안에서 없어질 것이라
> 고후 3:14

그리스도인은 날마다 마음을 새롭게 함으로 하나님 영광의 통로로 쓰임 받도록 해야 합니다. 기억하십시오. 마음을 새롭게 하는 주체는 내가 아니라 성령님이십니다.

우리 삶의 대부분의 문제는 우리 자신이나 다른 사람이나 환경의 문제가 아닙니다. '기도하기 전에' 이 사실을 알아야 합니다. 문제는 바로 타락한 마음이 만들어내는 '허상'을 붙드는 데 있습니다. 지금 이 순간, 있는 그대로를 받아들이지 못하는 마음(거짓자아)이 문제입니다. 이것을 깨닫는 것이 영적 돌파이며, 새로운 삶을 사는 비밀입니다.

'난 해도 안 될 거야'라거나 '지금은 아니지만 좀 더 뭔가를 하면'이라고 생각하는 마음이 문제라는 것을 알고, 그 마음을 부인하고 십자가에 못 박을 때 하나님의 능력을 경험할 수 있습니다.

우리의 속사람으로 지금 이 순간에 집중해야 하며, 타락한 마음이 만들어내는 허상 대신 있는 그대로를 볼 수 있어야 합니다. 그럴 때 그리스도 안에 있는 의와 희락과 평강이 우리 마음에 부어지는 것을 경험할 수 있습니다. 빛이 임하면 어두움이 물러가듯 속사람으로부터 나오는 빛은 우리 마음에 가득한 어두움을 몰아냅니다(고후 4:6,7 참조).

PRAY

주님, 지금까지 나름대로 열심히 신앙생활을 한다고
했지만, 하나님의 생명 안에 거하는 것을 알지 못하고 제
마음에 묶여 생각하고 괴로워했던 것을 회개합니다. 이제
제 삶의 모든 부정적이고 악한 것이 타락한 마음이 만들
어낸 허상인 것을 알았습니다. 주님이 저에게 주신 놀라
운 은혜, 그 놀라운 구원의 삶이 바로 예수 그리스도 안에
서 제 마음을 새롭게 하는 것임을 알게 해주셔서 감사드
립니다. 이제는 더 이상 과거에 묶여 괴로워하거나 오지
않은 미래를 붙들고 염려하며 살지 않겠습니다.

저는 지금 영원하신 그리스도의 현존 안에 거하는 자입
니다. 저는 이미 영생을 누리는 자입니다. 그리스도 안에
서 저의 겉사람이 날로 더 후패해지도록 성령충만한 삶
을 살겠습니다. 주의 말씀으로 제 마음을 주님의 영에 일
치시켜 주님의 뜻을 이루는 통로가 되기 원합니다.

이제 더 이상 세상 사람들과 같이 살지 않겠습니다. 생명
의 문은 좁고 협착하지만 그 길을 걸어가겠습니다. 나라
와 권세와 영광이 아버지께 영원히 있습니다. 아멘!

chapter 06

기도하기 전에,
하나님의 은혜를
알아야 한다

온전한 구원

새 술은 새 부대에 담아야 합니다(마 9:17 참조). 이 말은 하나님 나라의 법이 발효되었음에도 불구하고, 그 법을 모른다면 그 법의 혜택을 누리지 못하는 것은 물론이고 불법을 행하는 자로서 고난을 받게 된다는 뜻입니다. 이제 예수 그리스도를 통해서 이 땅에 제정된 새로운 법에 대해 생각해보려고 합니다. 이 법을 알 때에야 진정한 은혜를 누릴 수 있습니다.

하나님께서는 우리가 아직 죄인 되었을 때 우리의 죄를 사하시기 위해 이 땅에 예수 그리스도를 보내주셨습니다. 하나님나라의 관점에서 볼 때 예수님은 우리의 죄를 대속하시기 위해 십자가를 지심으로 우리의 죄와 마귀로 인해 당하는 모든 환난을 타락 전의 상태로 회복시켜주셨습니다. 이것이 바로 예수님이 십자가 위에서 "다 이루셨다"라고 하신 말씀입니다.

예수님이 이 땅에 오셔서 우리에게 선포하신 복음을 생각해보십시오. 그것은 하나님나라가 임했다는 소식이었습니다. 이미 앞에서 언급한 바와 같이, 하나님나라(Kingdom)는 하늘 어느 곳이 아니라 하나님의 통치와 주권을 의미합니다.

따라서 예수님이 전하신 복음은, 지금까지 합법적으로 이루어져 왔던 마귀의 통치가 끝나고 하나님께서 다시 통치하신다는 소식입니다. 이것이 바로 좋은 소식(Good News)입니다. 그 일을 이루시기 위해서 예수님은 십자가를 지시고 부활 승천하신 후에 약속하신 보혜사 성령님을 보내주셨습니다.

예수님이 십자가를 지심으로 이루신 구원 역사는 단지 우리 영혼의 죄 사함에 그치는 것이 아닙니다. 이제 예수 그리스도로 말미암아 시작된 하나님의 통치로, 첫째, 마귀의 자식으로 살았던 우리가 다시 하나님의 자녀로 회복되었습니다. 둘째, 우리가 마귀로부터 당했던 모든 고난과 질병과 관계의 깨어짐, 타락으로부터 해방되었습니다. 셋째, 예수 그리스도 안에서 성령님을 통하여 하나님과 다시 거룩한 교제를 할 수 있게 되었습니다. 넷째, 하나님의 자녀로서 이 땅에서 주의 유업을 이루어가는 것이 가능하게 되었습니다.

예수님의 구원 역사는 이 모든 것을 포함하는 온전한 구원입니다. 따라서 우리가 누리는 구원은 인간이 지은 죄로 인하여 마귀가 합법 적으로 인간에게 행했던 모든 고통과 고난으로부터의 해방입니다. 그래서 성경에 기록된 다음의 모든 약속의 말씀은 법적으로 이미 이루어진 것으로 표현되어 있습니다.

죄로부터의 구원

하나님이 죄를 알지도 못하신 이를 우리를 대신하여 죄로 삼으신 것은 우리로 하여금 그 안에서 하나님의 의가 되게 하려 하심이라 고후 5:21

율법의 저주로부터의 구원

그리스도께서 우리를 위하여 저주를 받은 바 되사 율법의 저주에서 우리를 속량하셨으니 기록된 바 나무에 달린 자마다 저주 아래에 있는 자라 하였음이라 갈 3:13

마귀의 세력으로부터의 구원

통치자들과 권세들을 무력화하여 드러내어 구경거리로 삼으시고 십자가로 그들을 이기셨느니라(In this way, he disarmed the spiritual rulers and authorities. He shamed them publicly by his victory over them on the cross. NLT) 골 2:15

질병으로부터의 구원

친히 나무에 달려 그 몸으로 우리 죄를 담당하셨으니 이는 우리로 죄에 대하여 죽고 의에 대하여 살게 하려 하심이라 그가 채찍에 맞음으로 너희는 나음을 얻었나니 벧전 2:24

죽음으로부터의 구원

죄의 삯은 사망이요 하나님의 은사는 그리스도 예수 우리 주 안에 있는 영생이니라 롬 6:23

가난으로부터의 구원

우리 주 예수 그리스도의 은혜를 너희가 알거니와 부요하신 이로서 너희를 위하여 가난하게 되심은 그의 가난함으로 말미암아 너희를 부요하게 하려 하심이라 고후 8:9

또한 구원받은 우리가 이 땅에서 주님의 뜻을 이루도록 모든 성령의 열매와 은사를 주셨습니다.

찬송하리로다 하나님 곧 우리 주 예수 그리스도의 아버지께서 그리스도 안에서 하늘에 속한 모든 신령한 복을 우리에게 주시되 엡 1:3

그의 신기한 능력으로 생명과 경건에 속한 모든 것을 우리에게 주셨으니 이

는 자기의 영광과 덕으로써 우리를 부르신 이를 앎으로 말미암음이라

벧후 1:3

따라서 구원은 영혼의 죄 사함뿐만 아니라 이 모든 것을 포함하는 패키지입니다.

믿음, 이미 베푸신 은혜가 실체가 되게 하는 것

예수 그리스도께서 십자가를 통해서 이루신 완전한 구원사역으로 주어진 모든 은혜는 법적인(영적인) 측면에서는 하나님의 자녀에게 이미 주어진 것이지만, 이것이 이 땅에서 실제적으로 효력을 나타내기 위해서는 우리의 기도와 믿음이 필요합니다. 우리는 하늘에 계신 하나님으로부터 무엇인가를 얻어내기 위해서 기도하고 믿음 생활을 하는 것이 아니라, 이미 그분께서 우리에게 베풀어주신 모든 은혜를 내 현실의 삶에서 실제로 이루기 위해 기도하고 믿음 생활을 하는 것입니다.

에베소서 1장 6절은 "이는 그가 사랑하시는 자 안에서 우리에게 거저 주시는 바 그의 은혜의 영광을 찬송하게 하려는 것이라"라고 말하고 있습니다. 어떤 대가를 지불하지 않아도 값없이 주신다는 것입니다. 그로 인해 우리에게 거저주시는 바 그 은혜에 감사하며 하나님께 영광을 돌리게 하시려는 것입니다.

우리가 하나님의 자녀이기 때문에 어떤 값을 지불하고 거기에 따르는 혜택을 얻어내는 것이 아니라 오직 예수 그리스도의 대속 때문에 그분 안에서 그분이 약속하신 말씀을 이 땅에 이루는 특권을 누리는 것입니다. 이러한 삶은 세월이 가면 갈수록, 하나님과의 관계가 깊어지면 깊어질수록 더욱 풍성함을 누리게 됩니다. 복음은 은혜의 삶입니다.

우리가 이 진리를 제대로 알지 못하면 늘 하나님으로부터 우리의 결핍과 욕구에 따른 무엇인가를 얻어내기 위해서, '내가 무슨 대가를 지불해야 하나, 내가 얼마나 기도해야 하나, 내가 얼마나 금식해야 하나, 내가 얼마나 충성해야 하나'의 관점으로 하나님과 관계하게 됩니다.

구약에 이런 말씀이 있습니다.

내 백성이 지식이 없으므로 망하는도다 네가 지식을 버렸으니 나도 너를 버려 내 제사장이 되지 못하게 할 것이요 네가 네 하나님의 율법을 잊었으니 나도 네 자녀들을 잊어버리리라 호 4:6

새 언약에서는 예수님이 이렇게 선포하셨습니다.

진리를 알지니 진리가 너희를 자유롭게 하리라 요 8:32

우리는 '기도하기 전에' 예수님이 우리를 위해 베풀어주신 구원이 단순한 죄 사함만 포함하는 것이 아니라 전 영역을 포함하는 패키지라는 사실을 알아야 합니다. 이 사실을 알지 못하면 우리는 주님의 뜻을 이루거나 자유함을 누리는 기도를 할 수 없고, 이 세상에서 단지 인내와 연단만 있는 삶을 살 수밖에 없을 것입니다.

이미 다 행하신 좋은 소식

우리는 하나님나라의 복음을 제대로 알아야 합니다. 복음이라는 것은 하나님께서 '앞으로 행하실' 좋은 소식이 아니라 하나님께서 예수 그리스도를 통해서 '이미 다 행하신' 좋은 소식입니다. 하나님께서 예수님을 통해서 모든 것을 다 이루셨기 때문에 우리로 하여금 그 예수 그리스도를 믿으라고 하시는 것입니다. 그리고 그 예수 그리스도 안에서 자신의 필요를 채우는 삶이 아니라 하나님의 자녀로서 하나님의 뜻을 이루는 삶을 살기를 원하십니다.

그럼에도 우리는 예수님이 우리를 위해서 행하신 일에 집중하지 않고, 문제를 해결하기 위해서 우리가 해야 할 일에 집중합니다. 하나님께서 우리의 헌신에 반응하시고, 우리의 헌신은 우리의 행위에 근거하고 있다고 믿기 때문입니다. 이런 사고방식은 행위보상적 사고방식으로, 구약의 율법적 신앙 태도에서 비롯된 것입니다.

이런 마음을 갖게 되는 이유 중 하나는 예수님이 기도 응답에 대해 말씀하신 부분을 오랫동안 잘못 해석해왔기 때문입니다. 누가복음 11장에서 예수님은 제자들에게 기도를 가르치신 다음에 기도 응답에 대해 비유를 들어 설명하셨습니다.

> 또 이르시되 너희 중에 누가 벗이 있는데 밤중에 그에게 가서 말하기를 벗이여 떡 세 덩이를 내게 꾸어 달라 내 벗이 여행 중에 내게 왔으나 내가 먹일 것이 없노라 하면 그가 안에서 대답하여 이르되 나를 괴롭게 하지 말라 문이 이미 닫혔고 아이들이 나와 함께 침실에 누웠으니 일어나 네게 줄 수가 없노라 하겠느냐 내가 너희에게 말하노니 비록 벗 됨으로 인하여서는 일어나서 주지 아니할지라도 그 간청함을 인하여 일어나 그 요구대로 주리라 내가 또 너희에게 이르노니 구하라 그러면 너희에게 주실 것이요 찾으라 그러면 찾아낼 것이요 문을 두드리라 그러면 너희에게 열릴 것이니 구하는 이마다 받을 것이요 찾는 이는 찾아낼 것이요 두드리는 이에게는 열릴 것이니라 너희 중에 아버지 된 자로서 누가 아들이 생선을 달라 하는데 생선 대신에 뱀을 주며 알을 달라 하는데 전갈을 주겠느냐 너희가 악할지라도 좋은 것을 자식에게 줄 줄 알거든 하물며 너희 하늘 아버지께서 구하는 자에게 성령을 주시지 않겠느냐 하시니라 눅 11:5-13

우리는 오랫동안 이 말씀을 잘못 해석하여 기도 응답을 받기 위한 간청기도를 당연한 것으로 여겨왔습니다. 사실 구약적 사고방식 아래서는 이런 행위보상적 사고방식이 어쩌면 당연한 것인지도 모릅니다. 특히 우리는 8절의 "내가 너희에게 말하노니 비록 벗 됨으로 인하여서는 일어나서 주지 아니할지라도 그 간청함을 인하여 일어나 그 요구대로 주리라"라는 말씀을 읽을 때, 친구로서는 안 주더라도 끝까지 간청하면 괴로워서라도 줄 것이라고 해석합니다. 그러니까 하나님도 마찬가지다, 하나님께서 안 주시겠다 할지라도 우리가 끈질기게 붙들고 늘어지면 마침내 마음을 돌이키사 해주실 것이라고 말입니다.

그러나 이 말씀을 그렇게 해석하면 성경의 여러 다른 말씀들과 상충됩니다. 쉬운 예로, 마가복음 11장 24절의 "그러므로 내가 너희에게 말하노니 무엇이든지 기도하고 구하는 것은 받은 줄로 믿으라 그리하면 너희에게 그대로 되리라"라는 말씀을 생각해보십시오.

더 문제가 되는 것은 이어지는 9,10절의 말씀입니다. "내가 또 너희에게 이르노니 구하라 그러면 너희에게 주실 것이요 찾으라 그러면 찾아낼 것이요 문을 두드리라 그러면 너희에게 열릴 것이니 구하는 이마다 받을 것이요 찾는 이는 찾아낼 것이요 두드리는 이에게는 열릴 것이니라"라는 말씀은 8절에 대한 지금과 같은 해석에 전혀 일치되지 않습니다.

우리가 8절의 뜻을 정확하게 이해하기 위해서는, 누가복음 11장 5-8절이 기도응답에 대한 비유로 든 것이긴 하지만, 이 말씀이 비유가 아니라 대조라는 것을 알아야 합니다. 즉 7,8절 말씀은 "친구가 떡을 주지 않겠다고 하더라도 우리가 간청하면 결국 주지 않겠는가"라는 뜻이 아니라 "떡을 줄 상황이 되지 않는다 하더라도 우리가 친구이기 때문에 주지 않겠느냐, 설령 주지 않겠다 하더라도 간청하면 우리가 친구이기에 결국은 주지 않겠는가"라는 뜻으로 말씀하신 것입니다.

그리고 예수님이 말씀하시고자 하는 본래의 핵심 메시지는, "이와 같이 네 친구가 설령 줄 상황이 안 된다 하더라도 친구이기 때문에 친구를 위해서 내어주지 않느냐, 그런데 하물며 너희 하나님 아버지께서 자녀인 너희가 기도한 것을 왜 들어주시지 않는다고 생각하느냐? 아버지가 친구보다도 못하다고 생각하느냐? 더구나 간청해야 주신다고 생각하느냐?"라고 반문하신 것입니다.

그래서 9,10절에서 이미 은혜로 주신 것을 누리기 위해서 "구하라, 구하는 이마다 받을 것이요, 찾으라, 찾는 이는 찾아낼 것이요, 두드리라, 두드리는 이에게는 열릴 것이니라"라고 말씀하신 것입니다. 그리고 연이어서 "육신의 부모도 자식에게 좋은 것을 주건만 하늘에 계신 하나님 아버지께서 자식이 구하는 것을 왜 안 주신다고 생각하느냐? 굳이 간청해야 주신다고 생각하느냐?"라고 말씀하신 것입니다. 우리는 지금까지 새 언약의 말씀을 구약적 관점에 비추어 해석하는 잘못을 범해왔습니다.

사도 바울은 빌립보서 2장 13절에서 하나님의 행하심과 우리의 마음을 정확하게 표현했습니다. 하나님께서는 자신의 기쁘신 뜻을 위해서 우리 마음에 소원을 두셨다고 말씀하셨습니다. 즉, 하나님의 열망이 우리의 소원이 되게 하셨다는 것입니다.

> 너희 안에서 행하시는 이는 하나님이시니 자기의 기쁘신 뜻을 위하여 너희에
> 게 소원을 두고 행하게 하시나니 빌 2:13

그리고 신명기 29장 29절의 말씀을 예수 그리스도의 참 빛에 비추어보면, 우리에게 소원을 주신 것은 우리로 예수 그리스도 안에서 행하게 하려 하신다는 것입니다. 주시지 않는 것을 받아내기 위해서 구하고, 찾고, 두드리는 것이 아니라 우리를 통해서 이루고자 하시기 때문에 우리는 구하고, 찾고, 두드리는 것입니다.

> 감추어진 일은 우리 하나님 여호와께 속하였거니와 나타난 일은 영원히 우리
> 와 우리 자손에게 속하였나니 이는 우리에게 이 율법의 모든 말씀을 행하게
> 하심이니라 신 29:29

조건이 아니라 사랑 때문에

그렇다면 반대로 생각해서, "우리가 기도하지 않아도, 헌신하지 않아도, 말씀을 보지 않아도, 우리 멋대로 살아도 하나님께서는 모든 것을 은혜로 베풀어주신다는 말인가요?"라고 반문할지도 모르겠습니다. 그러나 이 질문을 하는 것 자체가 하나님의 마음을 알지

못하고 하나님 자녀의 입장이 아니라 거짓자아(지금의 마음이 자신이라고 생각하는)의 입장에서 생각하는 것입니다.

우리는 기도해야 하고, 헌신해야 하고, 말씀을 읽고, 금식도 해야 합니다. 그러나 그 모든 행위는 하나님으로부터 뭔가를 받아내기 위한 조건이 아니라 하나님의 말할 수 없는 사랑으로 인하여 주님을 더 알아가고, 주님을 더 나타내고 싶고, 주님께 영광을 올려드리고 싶은 마음에서 나오는 것이어야 합니다.

우리가 흔히 생각하는 하나님을 위한 선한 행위들은, 우리가 하나님께로 나아가는 데 걸림돌이 되는 우리의 혼탁한 마음을 깨끗게 하는 데는 도움이 될지 모르겠지만, 하나님이 우리에게 행하시는 일에는 티끌만큼도 영향을 미치지 못합니다. 이것을 확실히 깨달아야 합니다. 하나님께서 우리에게 베푸시는 모든 은혜는 내 행위와 태도 때문이 아니라 오직 예수 그리스도 때문에 주어지는 것입니다.

우리가 매일 훈련해야 하는 것은 그분의 사랑을 더 받아들이고, 나 자신을 더 의탁하고, 그분의 영광에 더 온전히 사로잡히도록 하는 것입니다.

'기도하기 전에' 하나님께서 그분의 자녀인 우리를 예수님만큼 사랑하시고 우리에게 모든 것을 베풀고자 하신다는 것을 알지 못한다면, 우리는 심판하시고 정죄하시는 두려운 하나님께 기도할 수밖에 없습니다.

예수 그리스도의 이름으로 기도하는 것

예수님이 하신 말씀 중에서 가장 받아들이기 어려운 부분은 아마도 기도와 그 응답에 관한 것일 겁니다.

예를 들어, 예수님이 하나님 아버지나 자신에게는 불가능이 없다고 말씀하셨더라면 우리 마음에 아무런 부담이 없었을 것입니다. 그런데 예수님은 우리도 믿음을 가지고 기도하면 불가능한 것이 없다고 말씀하십니다. 우리로서는 그 말씀이 정말 부담스러울 뿐만 아니라 불가능하게 들릴 수밖에 없습니다.

이르시되 너희 믿음이 작은 까닭이니라 진실로 너희에게 이르노니 만일 너희에게 믿음이 겨자씨 한 알 만큼만 있어도 이 산을 명하여 여기서 저기로 옮겨지라 하면 옮겨질 것이요 또 너희가 못할 것이 없으리라 마 17:20

예수께서 이르시되 할 수 있거든이 무슨 말이냐 믿는 자에게는 능히 하지 못할 일이 없느니라 하시니 막 9:23

내가 진실로 너희에게 이르노니 누구든지 이 산더러 들리어 바다에 던져지라 하며 그 말하는 것이 이루어질 줄 믿고 마음에 의심하지 아니하면 그대로 되리라 막 11:23

예수님은 우리가 하나님나라 안에서(그날에는, 요 16:23, 24, 26, 27

참조) 기도할 때는 예수 그리스도를 통해서가 아니라 예수 그리스도
의 이름으로 구하라고 하셨습니다.

우리는 예수 그리스도를 통해서 하나님 아버지 앞에 이르렀고(히
10:19 참조), 하나님의 자녀로서 하나님 우편에 예수 그리스도와 함
께하고 있습니다(엡 2:6 참조). 이제 우리는 기도할 때 예수 그리스도
를 통해서 구하는 것이 아니라 예수 그리스도의 이름으로 아버지께
구해야 합니다. 우리는 예수 그리스도 안에서 예수 그리스도의 이름
으로 주의 뜻을 이루는 존재가 되었기 때문입니다.

그렇기 때문에 이제 우리는 더 이상 예수 그리스도를 통해서 아버
지께 구하는 것이 아닙니다. 하나님 아버지께서 우리 안에 계신 주님
의 이름으로 구할 수 있는 권세를 우리에게 위임하셨습니다.

그날에는 너희가 아무것도 내게 묻지 아니하리라 내가 진실로 진실로 너희에
게 이르노니 너희가 무엇이든지 아버지께 구하는 것을 내 이름으로 주시리라
요 16:23

그날에 너희가 내 이름으로 구할 것이요 내가 너희를 위하여 아버지께 구하
겠다 하는 말이 아니니 이는 너희가 나를 사랑하고 또 내가 하나님께로부터
온 줄 믿었으므로 아버지께서 친히 너희를 사랑하심이라 요 16:26,27

이 말은 우리가 예수 그리스도의 이름으로 기도할 때, 그것은 마

치 예수님께서 행하시는 것과 같다는 뜻입니다. 우리가 이것을 믿을 때 하나님께서는 예수님이 기도하셨을 때 이루신 것과 똑같은 방식으로 우리의 기도를 이루십니다.

요한복음 16장 23절에서 "아무것도 내게 묻지 아니하리라"라는 말씀은, 질문을 하지 않는다는 뜻이 아니라 '예수님께 기도하지 않는다' 또는 '요구하지 않는다'는 뜻입니다. 예수님은 이 진리를 정확하게 전달하기 위해서 26절에 다시 한 번 "그날에 너희가 내 이름으로 구할(기도할) 것이요 내가 너희를 위하여 아버지께 구하겠다 하는 말이 아니니"라고 말씀하셨습니다. '그날'은 바로 오순절 이후 현재적 하나님나라가 시작된 때를 나타냅니다. 우리는 지금 새 언약이 법적으로 발효된 그날 이후에 살고 있습니다.

예수님이 승천하신 후 베드로 사도가 첫 단독 사역을 할 때 기도했던 내용을 생각해보십시오.

> 베드로가 이르되 은과 금은 내게 없거니와 내게 있는 이것을 네게 주노니 나사렛 예수 그리스도의 이름으로 일어나 걸으라 하고 행 3:6

이것이 베드로에게 위임된 능력입니다. 그러나 우리가 착각하지 말아야 할 것은 우리가 어떤 능력을 가진 주체가 아니라는 사실입니다. 우리는 예수 그리스도의 이름을 사용할 권세를 위임받았고, 그 권세를 사용할 때 하나님 권능의 통로로 쓰임 받을 뿐입니다. 이것은 예수님이 스스로의 사역에 대해서 어떻게 말씀하셨는지를 보면 알 수 있습니다. 예수님은 아버지의 이름으로 행할 때 아버지께서 행하신다고 말씀하셨습니다.

> 내가 아버지 안에 거하고 아버지는 내 안에 계신 것을 네가 믿지 아니하느냐 내가 너희에게 이르는 말은 스스로 하는 것이 아니라 아버지께서 내 안에 계셔서 그의 일을 하시는 것이라 요 14:10

위임받은 것을 소유하고 있다고 착각해서는 안 됩니다. 이것은 정말로 자신이 누구인지 그리고 하나님께서 우리에게 베풀어주신 은혜가 무엇인지를 알지 못하는 것입니다.

우리는 예수 그리스도를 통해서 구원을 얻었고, 이제 예수 그리스도 안에서 하나님의 자녀가 되었습니다. 이 말씀은 예수 그리스도 안에서 예수 그리스도처럼 아버지와 교제하고 아버지의 뜻을 이룰 수 있다는 것을 의미합니다. 그러나 거짓자아인 '내'가 아니라 '예수 그리스도'로만 가능합니다.

> 내가 그리스도와 함께 십자가에 못 박혔나니 그런즉 이제는 내가 사는 것이 아니요 오직 내 안에 그리스도께서 사시는 것이라 이제 내가 육체 가운데 사는 것은 나를 사랑하사 나를 위하여 자기 자신을 버리신 하나님의 아들을 믿는 믿음 안에서 사는 것이라 갈 2:20

따라서 이제는 예수 그리스도의 이름으로 아버지께 구하고 아버지의 뜻을 이루는 삶을 살아야 합니다.

우리가 하나님나라에서 하나님의 자녀가 되었다면, 더 이상 "예수님 도와주세요", "예수님만이 하실 수 있습니다", "예수님, 아버지께서 행하실 수 있도록 선처해주십시오"라고만 기도해서는 안 됩니다. 우리는 예수 그리스도 안에서 예수 그리스도의 이름으로 하나님 아버지께 구해야 하며, 예수 그리스도의 이름으로 아버지의 뜻을 이루어야 합니다.

예수 그리스도의 이름으로 아버지의 뜻을 이루는 것

우리가 이 비밀을 누리기 전에 명확하게 이해해야 할 것이 두 가지 있습니다. 첫 번째는 왜 우리는 예수님께 더 이상 구할 수 없는 것인가, 두 번째는 요한복음 14장 13,14절의 "내 이름으로 구하면 내가 행하리라"라는 말씀이 무슨 뜻인가에 대한 것입니다.

첫 번째 질문은 어렵지 않습니다. 왜냐하면 예수님이 부활 승천하심으로 예수님의 지상사역은 끝이 나고 천상사역이 시작되었기 때문입니다. 그날 이후에는 더 이상 육신으로 오신 예수님을 만날 수 없기 때문입니다.

그분은 하나님 우편에 계시며 동시에 우리 안에 계십니다. 우리는 더 이상 객체로서 인자로 오신 예수님의 권능을 믿는 것이 아니라,

예수 그리스도 안에 존재할 뿐입니다. 따라서 우리는 내가 아닌 예수 그리스도의 이름으로 아버지께 구하는 것입니다. 예수님이 아버지께 하신 것처럼 말입니다.

두 번째 질문을 생각해봅시다. 요한복음 14장 13,14절에서 예수님은 여전히 '내 이름으로 구하면 내가 행한다'고 말씀하셨는데, 이는 요한복음 16장 23절의 '우리가 예수 그리스도의 이름으로 구하면 아버지께서 주신다'고 말씀하신 것과 상충되는 것 같지 않습니까? 그러나 분명한 사실은 예수님이 '내가 행한다'고 말씀하셨지 '내가 준다'고 말씀하시지 않았고, '주시는 분은 하나님 아버지'라고 분명하게 말씀하셨다는 것입니다.

우리는 '행하리라'라는 말씀을 자연스럽게 '주신다'라는 의미로 받아들입니다. 그러나 이 말씀은 우리가 예수 그리스도의 이름으로 구할 때, 하나님 아버지께서 우리에게 주시도록 예수님이 행하신다는 것이지, 예수님이 우리에게 주신다는 뜻은 아닙니다.

그 이름의 능력

그렇다면 '예수 그리스도의 이름의 능력'은 무엇일까요? 우선 다음 말씀을 읽어보십시오.

그의 능력(성령의 능력―저자 주)이 그리스도 안에서 역사하사 죽은 자들 가운데서 다시 살리시고 하늘에서 자기의 오른편에 앉히사 모든 통치와 권세와 능력과 주권과 이 세상뿐 아니라 오는 세상에 일컫는 모든 이름 위에 뛰어나게 하시고 또 만물을 그의 발 아래에 복종하게 하시고 그를 만물 위에 교회의 머리로 삼으셨느니라 교회는 그의 몸이니 만물 안에서 만물을 충만하게 하시는 이의 충만함이니라 엡 1:20-23

이러므로 하나님이 그를 지극히 높여 모든 이름 위에 뛰어난 이름을 주사 하늘에 있는 자들과 땅에 있는 자들과 땅 아래에 있는 자들로 모든 무릎을 예수의 이름에 꿇게 하시고 모든 입으로 예수 그리스도를 주라 시인하여 하나님 아버지께 영광을 돌리게 하셨느니라 빌 2:9-11

이 말씀은 하나님께서 하나님나라가 임한 다음에 현시된 세계와 현시되지 않은 세계, 그리고 이 세대(현재적 하나님나라)와 오는 세대(미래적 하나님나라)에 새롭게 통용되는 법을 제정하셨다는 것입니다.

이 법은 상황과 처지에 따라 다르게 적용되지 않습니다. 그러므로 우리는 이 말씀을 알고 제대로 적용해야 합니다. 예를 들어, 경찰은 나라의 입법부가 이미 정한 법을 집행하는 자들입니다. 그런데 경찰이 '이 법이 정말 적용될까? 잘 적용되면 좋을 텐데, 안 되면 어떡하지?'라고 생각하며 법을 집행한다면 과연 경찰의 자격이 있을까요? 또 자신에게 주어진 임무를 잘 수행할 수 있을까요?

중력의 법칙에 따라 물은 위에서부터 아래로 떨어집니다. 그것은 어떤 상황이라도 바뀔 수 없습니다. 이와 마찬가지로 예수 그리스도 이름의 권세와 능력은 하나님나라가 임한 후에 정해진 법입니다. 우리가 예수 그리스도의 이름으로 선포할 때 모든 만물은 그에 복종해야 하며, 모든 자들은 무릎을 꿇어야 합니다. 만약 그 이름에 복종하지 않는다면, 그것은 그 이름에 문제가 있는 것이 아니라 그 이름을 선포하는 사람이 믿지 않고 선포하기 때문입니다.

우리는 더 이상 육신적인 믿음으로 살아가는 존재가 아닙니다. 우리는 예수 그리스도 안에서, 예수 그리스도 안에 있는 믿음으로, 예수 그리스도의 이름으로 살아가는 존재입니다. 다른 말로 하면, 예수님이 인자로 계시던 그때처럼 우리가 예수님을 믿으며 사는 것이 아닙니다. 우리는 지금 그 차원을 넘어선 상태입니다. 그분은 지금 우리 안에 계시며, 그분으로 인하여 우리는 하나님의 자녀가 되었습니다.

이제 예수 그리스도 이름의 놀라운 능력을 알았다면 그 이름을 더 이상 기도 말미의 미사여구로만 사용하지 말고, 주의 뜻을 이루는 데 사용하십시오.

지금까지는 너희가 내 이름으로 아무것도 구하지 아니하였으나 구하라 그리하면 받으리니 너희 기쁨이 충만하리라 요 16:24

구원은 영혼의 죄 사함과 더불어 율법, 질병, 가난, 마귀의 세력, 죽음으로부터 해방 받는 것입니다. 그것뿐만 아니라 하나님의 자녀로서 주께서 주신 하늘에 속한 신령한 복과 생명과 경건에 속한 모든 것을 포함합니다.

하나님께서는 예수 그리스도를 통해서 이미 이루신 모든 은혜를 자녀인 우리를 통해 이 땅에 나타내기를 원하십니다. 우리는 얻어내기 위해서 기도하는 것이 아니라 이미 주신 것을 실체로 드러내기 위해서 기도합니다.

하나님나라에서 기도는 예수 그리스도에게 구하는 것이 아니라 예수 그리스도 안에서 예수 그리스도의 이름으로 아버지께 구하는 것입니다. 예수 그리스도의 이름에는 이 세대와 오는 세대, 땅 아래와 땅과 땅 위에 있는 모든 피조물들의 무릎을 꿇게 하는 권세와 능력이 있습니다.

PRAY

주님, 늘 주님을 사랑하고 주님을 위해서 최선을 다하는 삶을 살아왔습니다. 하지만 이 땅의 나그네로 살면서 우리가 당하는 모든 고통은 육신을 지닌 인간인 이상 어쩔 수 없는 것이며, 그럼에도 불구하고 우리는 기쁨과 소망을 가지고 살아야 한다고 배웠습니다.

그러나 이제 하나님께서 우리 주 예수 그리스도를 통해 이루신 것이 무엇인지를 분명히 알게 되었습니다. 더 이상 질병과 가난과 관계의 깨어짐과 영적 묶임을 하나님의 뜻으로 받아들이지 않겠습니다.

하나님의 법에 맞지 않는 모든 것을 예수 그리스도의 이름으로 꾸짖고 쫓아내겠습니다. 이 땅에서 주님의 뜻을 이루는 삶을 살겠습니다.

chapter 07

기도하기 전에,
하나님나라의 사고방식을
가져라

기도에 응답이 없을 때?

우리는 기도한 후에 자신이 원하는 결과가 나타나지 않으면 하나님께서 응답하지 않으셨다고 생각할 때가 많습니다. 정말 하나님이 응답하지 않으신 걸까요? 예수님이 우리에게 주신 말씀을 생각해보면 그렇게 쉽사리 단정 지을 수는 없을 것입니다.

그러므로 내가 너희에게 말하노니 무엇이든지 기도하고 구하는 것은 받은 줄로 믿으라 그리하면 너희에게 그대로 되리라 막 11:24

너희가 내 안에 거하고 내 말이 너희 안에 거하면 무엇이든지 원하는 대로 구하라 그리하면 이루리라 요 15:7

내 이름으로 무엇이든지 내게 구하면 내가 행하리라 요 14:14

우리는 하나님께서 우리 기도에 응답하지 않으신다고 단정 짓기 전에, 먼저 우리 기도에 잘못된 것은 없는지를 생각해보아야 합니다. 만약 우리 기도가 잘못되었다면 그것은 결국 하나님에 대한 우리의 생각이 잘못되었기 때문입니다. 그렇기 때문에 우리는 '기도하기 전에' 이런 잘못들을 정확하게 인식하기 위해 구원의 문제부터 다시 생각해볼 필요가 있습니다.

우리는 하나님께 받아내는 존재가 아니다

하나님께서는 이천 년 전에 예수 그리스도를 보내주셨고, 예수님은 우리에게 하나님나라의 복음을 전해주셨으며, 또한 하나님나라의 복음에 따른 삶이 무엇인지를 친히 보여주셨습니다. 그리고 우리가 죄 사함 받고 하나님나라의 자녀로서 살 수 있도록 십자가에 못 박혀 죽으시고, 부활 승천하신 후에 약속하신 보혜사 성령님을 보내주셨습니다.

하나님은 예수님이 그리스도시요, 하나님의 아들이시며, 오직 그분을 통해서만 죄 사함을 얻고 하나님 아버지께로 나아갈 수 있다는 것을 믿는 모든 자들이 구원받기를 원하셨습니다. 그리고 오직 믿음으로 말미암아 구원받게 하셨습니다.

> 너희는 그 은혜에 의하여 믿음으로 말미암아 구원을 받았으니 이것은 너희에게서 난 것이 아니요 하나님의 선물이라 엡 2:8

그리고 하나님은 우리에게 모든 은혜를 넘치게 베푸셔서 우리가 주님의 선한 일을 행하기를 원하셨습니다.

> 하나님이 능히 모든 은혜를 너희에게 넘치게 하시나니 이는 너희로 모든 일에 항상 모든 것이 넉넉하여 모든 착한 일을 넘치게 하게 하려 하심이라
>
> 고후 9:8

하나님은 우리를 구원하실까요? 이 질문에 만약 '하나님이 정말 나를 구원하실까?'라고 고민한다면, 당신은 하나님의 약속과 믿음이 무엇인지 모르고 있는 것입니다. 우리 앞에 놓인 문제는 '하나님이 우리를 구원하실까?'가 아니라 '하나님이 주신 구원을 받아들일 것인가?'에 대한 것이기 때문입니다(이 말은 관점의 변화를 위해 비유적으로 말한 것이지, 구원이 단지 우리 마음의 결정으로만 이루어질 수 있는 단순한 것이라는 말은 아닙니다).

하나님께서는 우리가 아직 죄인이었을 때 예수 그리스도를 통해 우리가 구원을 받을 수 있도록 모든 것을 이루어놓으셨습니다. 이제 우리의 구원은 우리의 선택에 달려 있습니다.

우리가 아직 죄인 되었을 때에 그리스도께서 우리를 위하여 죽으심으로 하나님께서 우리에 대한 자기의 사랑을 확증하셨느니라 롬 5:8

율법시대에는 죄를 지음으로 저주 가운데 놓이고 지옥에 가게 되었습니다. 그러나 새 법, 곧 새 언약인 하나님나라의 복음 안에서는 죄를 지음으로 저주에 놓이거나 지옥 가게 되는 것이 아닙니다. 예수님이 우리의 죄를 사해주신 것을 믿지 않기 때문에 저주 아래 놓이고 지옥에 가게 되는 것입니다. 바로 이것이 우리가 땅 끝까지 전도하는 이유입니다. 우리는 그날 이후 새 언약 속에서 살고 있습니다. 지금은 은혜의 시대입니다.

율법은 모세로 말미암아 주어진 것이요 은혜와 진리는 예수 그리스도로 말미암아 온 것이라 요 1:17

우리가 어떤 죄를 지었다 하더라도 예수 그리스도 앞에 나아가 회개하고 그분이 구세주이심을 믿을 때 죄 사함을 받게 됩니다. 예수님을 믿지 않기 때문에 죄 사함을 못 받는다는 것입니다. 예수님을 믿지 않는 것, 그것이 바로 '죄'입니다.

> 그가 와서 죄에 대하여, 의에 대하여, 심판에 대하여 세상을 책망하시리라 죄
> 에 대하여라 함은 그들이 나를 믿지 아니함이요 요 16:8,9

우리가 '기도하기 전에' 알아야 할 것은, 우리의 사고방식이 '어떻게 하면 하나님이 우리의 기도를 들어주실까?'가 아니라 '어떻게 하면 하나님이 예수님을 통해 이미 이루어주신 것을 누릴 수 있을까?'로 변해야 한다는 것입니다.

우리가 이 관점을 정확히 알지 못하면 주님께 간절히 끈질기게 떼를 써도 아무 응답을 받을 수 없고, 결국 하나님과 자신을 원망하게 됩니다.

우리 마음의 선입관

그러면 이런 잘못된 사고방식으로 인해 우리 마음이 어떤 선입관들을 갖게 되었는지 생각해봅시다. 먼저 우리는 하나님의 마음에 대해 잘못 생각하고 있습니다.

- 하나님께서는 나에게 관심이 없으신데, 어떻게 하면 내가 원하는 것을 얻어낼 수 있을까?

- 나는 하나님께서 원하시는 기준에 미치지 못하는데, 어떻게 하면 하나님의 마음을 돌릴 수 있을까?
- 하나님은 나 때문에 항상 화가 나 계시는데, 어떻게 하면 하나님이 나를 위해 무엇인가를 하시도록 할 수 있을까?

또한 우리 자신에 대해서도 잘못 생각하고 있습니다.

- 그냥은 안 될 거야. 최소한 무언가 드려야 해주실 거야!
- 간절히, 끈질기게 기도하면 하나님께서도 결국 마음을 돌리실 거야!
- (자기 욕구에 기초한 소원을 품고) 하나님이 이것을 들어주실 때까지, 끝까지 기도해야 해!
- (스스로 불가능하다고 결정하고) 아마 하나님이라도 이 기도는 들어주지 못하실 거야.

'기도하기 전에' 우리는 우리 마음에 품은 생각들이 하나님으로부터 온 것인지, 아니면 거짓자아가 만들어낸 심리적 시간과 상상인지를 살펴봐야 합니다. 거듭 강조하지만, 우리가 반드시 알아야 할 진리는 '어떻게 하면 받아낼 수 있는가?'가 아니라 '이미 주신 것을 어떻게 받아 누리는가?'의 관점을 가지고 기도해야 한다는 것입니다. 주님이 이미 이루신 것을 받아 누리는 것은 하나님께 달려 있는 것이 아니라 우리에게 달려 있습니다.

질병 치유에 대한 예를 들어봅시다.

친히 나무에 달려 그 몸으로 우리 죄를 담당하셨으니 이는 우리로 죄에 대하여 죽고 의에 대하여 살게 하려 하심이라 그가 채찍에 맞음으로 너희는 나음을 얻었나니 벧전 2:24

이 말씀을 제대로 받아들인다면 우리에게 놓인 문제는 '하나님께서 오늘 나를 치유해주실 것인가?' 또는 '하나님이 나를 치유해주시려면 내가 무엇을 어떻게 해야 하는가?'에 대한 것이 아닙니다. '예수님이 나를 위해 이미 이루신 치유를 어떻게 믿음으로 받아들일 것인가?'에 대한 것입니다.

우리는 더 이상 거짓자아에 속거나 세상의 경험과 사고방식을 따르지 말아야 합니다. 우리가 주님의 자녀로서 주님의 뜻을 이루고자 할 때는 구약적 사고방식이나 세상적인 생각에 묶이지 말고, 하나님의 능력으로 우리의 견고한 진과 이론, 곧 거짓자아가 만들어낸 심리적 시간과 상상에 따른 믿음을 무너뜨려야 합니다.

우리가 육신으로 행하나 육신에 따라 싸우지 아니하노니 우리의 싸우는 무기는 육신에 속한 것이 아니요 오직 어떤 견고한 진도 무너뜨리는 하나님의 능력이라 모든 이론을 무너뜨리며 하나님 아는 것을 대적하여 높아진 것을 다 무너뜨리고 모든 생각을 사로잡아 그리스도에게 복종하게 하니 고후 10:3-5

그럴 때 비로소 하나님의 자녀로서의 기도를 시작할 수 있습니다. 기도의 응답은 하나님께 달려 있는 것이 아니라 우리에게 달려 있습니다. 왜냐하면 하나님은 이미 들으시고 응답하셨기 때문입니다(요일 5:14,15 참조).

그것을 위해 겉사람의 믿음이 아니라 속사람의 믿음, 즉 예수 그리스도 안에 있는 믿음을 가져야 합니다. 그리고 내 이름이 아니라 예수 그리스도의 이름으로 선포해야 합니다. 이 진리를 사도 베드로는 오순절 이후에 비로소 깨달았습니다.

> 그 이름을 믿으므로 그 이름이 너희가 보고 아는 이 사람을 성하게 하였나니 예수로 말미암아 난 믿음이 너희 모든 사람 앞에서 이같이 완전히 낫게 하였느니라 행 3:16

우리가 구약의 행위보상적 사고방식으로 하나님과 교제한다면 우리는 자녀가 아니라 신자일 뿐이며, 기도하면 할수록 하나님을 괴롭힐 뿐입니다.

우리는 '기도하기 전에', 기도가 하나님으로부터 무엇인가를 받아내기 위함이 아니라 하나님이 이미 이루신 뜻을 이 땅에 나타내기 위해서 하는 것임을 알아야 합니다.

하나님의 마음은 우리 태도에 따라 변하지 않는다

우리가 잘못된 생각이나 행동을 할 때, 혹은 주님께 성실하지 못할 때 하나님은 우리를 어떻게 대하실까요? 이것도 신앙생활에 있어서 중요한 문제입니다. 왜냐하면 우리가 죄를 짓거나 하나님이 기뻐하시지 않는 일을 하면 하나님께서 우리를 위해서라도 벌이나 고난을 주실 것이라고 생각하기 때문입니다.

실제로 하나님께서 기뻐하시지 않는 일을 하고 난 뒤에 어떤 안 좋은 일이 생기면 '그럴 줄 알았어. 하나님이 나를 위해 벌을 주신 거야'라고 생각하는 사람들이 너무 많습니다. 또한 우리가 하나님께 성실하지 못한 태도를 보였을 때는 하나님께서 우리를 못마땅하게 여기실 것이라고 생각합니다.

언젠가 한 청년과 상담을 했습니다. 하나님을 정말 사랑하고 주님께 자신을 더 드리지 못해 안타까워하는 신실한 형제였습니다. 하나님 보시기에 의로운 삶을 살려고 애를 쓰지만 원치 않는 생각과 상상, 부정적인 감정, 의롭지 않은 행동을 하는 자신을 바라보며 죄책감과 두려움, 정죄감과 수치심에 사로잡혀 있었습니다. 하나님께 나아갈 때마다 '내가 그렇게 은혜를 베풀고 사랑하는데 너도 좀 변하면 안 되겠니?'라고 물으시는 것 같아서 하나님을 사랑하지만 늘 뵐 면목이 없다고 했습니다.

이 형제의 마음의 태도는 마치 사도 바울의 고백과 같습니다. 자신을 예수님과 함께 이미 십자가에 못 박았지만(롬 6:6 참조) 여전히 동일한 삶을 사는 자신을 바라보며 얼마나 괴로웠는지, 그는 "오호라 나는 곤고한 사람이로다 이 사망의 몸에서 누가 나를 건져내랴"(롬 7:24)라고 한탄했습니다.

그러나 사도 바울은 마침내 자신(겉사람)이 최선을 다해 주님의 뜻을 지키는 것이 아니라, 그 자신이 죽었음을 체험하고 그리스도 안에 있는 새로운 자아(속사람)가 영적인 생각을 통해 새로운 삶을 살아야 한다는 것을 깨달았습니다. 자신의 '현실'이 아닌 '본질'이 변했음을 깨달은 것입니다. 그것이 바로 로마서 8장 2절의 고백입니다.

> 이는 그리스도 예수 안에 있는 생명의 성령의 법이 죄와 사망의 법에서 너를 해방하였음이라 롬 8:2

우리도 마찬가지입니다. 우리 마음을 자신이라고 믿는 거짓자아로는 하나님을 온전히 섬길 수 없습니다. 거짓자아를 십자가에 못 박고 그리스도 안에 있는 새로운 자아로 주님과 교제할 수 있어야 합니다.

마귀는 이 진리를 체험하고 이 진리에 기반하여 신앙생활하는 것을 가장 싫어합니다. 마귀는 우리가 본질이 아닌 현실에 기초한 삶을 살기 원하고, 그것을 위해서 시험과 유혹, 두려움과 거짓말로 우리의 마음을 빼앗아갑니다. 즉, 그리스도 안에 있는 영적(靈的) 존재가 아니라 옛날 그리스도 밖에 있던 육적(肉的) 존재로 살아가기 원하는 것입니다.

하나님은 우리가 잘못된 행동을 하거나 옳지 못한 태도를 취할 때에라도 우리에게서 얼굴을 돌리시거나, 우리가 잘못을 고칠 때까지 대면하지 않으시거나, 끓어오르는 화를 참고 계시거나, 벌을 주시는 분이 아닙니다. 만약 하나님이 그런 분이셨다면 이미 오래전에 우리가 타 죽었거나 아니면 화를 참으시다가 하나님의 심장이 터져 버리셨을 것입니다.

우리가 정말 알아야 할 것이 있습니다. 우리 자신이 예수 그리스도의 죽으심과 부활하심에 연합했을 때 우리가 새로운 피조물이 되었다는 것입니다. 우리 마음의 생각과 감정, 육신은 동일하지만 우리는 육적인 존재에서 영적인 존재로 변했습니다. 예수 그리스도로 인한 하나님의 생명이 우리 안에 있기 때문입니다. 우리의 속사람이 진짜 '나'입니다. 죄를 짓는 것은 겉사람입니다. 사도 바울은 이 같은 사실을 깨달은 후에 이렇게 고백했습니다.

우리 주 예수 그리스도로 말미암아 하나님께 감사하리로다 그런즉 내 자신이 마음으로는 하나님의 법을 육신으로는 죄의 법을 섬기노라 롬 7:25

그러므로 이제 그리스도 예수 안에 있는 자(속사람)에게는 결코 정죄함이 없나니 롬 8:1

하나님이 우리에게 주신 것은 두려워하는 마음이 아니요 오직 능력과 사랑과 절제하는 마음이니 딤후 1:7

하나님께서는 우리 안에 계신 예수 그리스도를 통해서 우리와 교제하십니다. 우리의 태도와 우리의 행동에 따라 그 마음이 변하는 분이 아니십니다.

이로 말미암아 그는 새 언약의 중보자시니 이는 첫 언약 때에 범한 죄에서 속량하려고 죽으사 부르심을 입은 자로 하여금 영원한 기업의 약속을 얻게 하려 하심이라 히 9:15

우리의 속사람이 겉사람의 잘못을 알고 예수 그리스도의 이름으로 회개할 때, 하나님은 언제나 우리를 용서하십니다. 왜냐하면 예수님은 우리의 원죄를 사하셨을 뿐만 아니라 과거와 현재와 미래의 죄도 그분의 피로 사하시기 때문입니다. 예수님은 새 언약의 중보자이십니다.

만일 우리가 죄가 없다고 말하면 스스로 속이고 또 진리가 우리 속에 있지 아니할 것이요 만일 우리가 우리 죄를 자백하면 그는 미쁘시고 의로우사 우리 죄를 사하시며 우리를 모든 불의에서 깨끗하게 하실 것이요 요일 1:8,9

우리는 예수 그리스도 안에서 영원히 하나님의 자녀이며, 예수 그리스도로 말미암아 나의 태도와 행동과 상관없이 늘, 항상, 언제나 사랑스러운 하나님의 자녀입니다.

너의 하나님 여호와가 너의 가운데에 계시니 그는 구원을 베푸실 전능자이시라 그가 너로 말미암아 기쁨을 이기지 못하시며 너를 잠잠히 사랑하시며 너로 말미암아 즐거이 부르며 기뻐하시리라 하리라 습 3:17

우리가 예수 그리스도 안에 있는 이상, 우리가 우리의 죄를 중보자이신 예수 그리스도께 내어드리는 이상 우리는 예수님처럼 사랑받는 하나님의 자녀입니다.

곧 내가 그들 안에 있고 아버지께서 내 안에 계시어 그들로 온전함을 이루어 하나가 되게 하려 함은 아버지께서 나를 보내신 것과 또 나를 사랑하심같이 그들도 사랑하신 것을 세상으로 알게 하려 함이로소이다 요 17:23

하나님의 사랑에 대한 오해들
"우리가 죄를 짓는데도 하나님 아버지께서 똑같이 사랑하신다는 말인가요?"

맞습니다. 우리가 이 사실을 확실히 알지 못한다면 우리는 하나님의 사랑을 체험하지 못할 것이며, 하나님의 자유를 누리지 못할 것이고, 하나님 아버지와 잘못된 관계로 묶이게 될 것이며, 평생 마귀에게 질질 끌려 다니는 삶을 살게 될 것입니다.

예수님이 하나님 아버지에 대해 알려주신 누가복음 15장의 '돌아온 탕자의 이야기'를 생각해보십시오. 이 비유는 방탕한 아들의 이야기가 아니라 그 아버지의 이야기입니다. 그분이 바로 육신의 아버지와 다른 하늘에 계신 우리의 아버지이십니다.

"그렇다면 얼마든지 잘못을 해도 괜찮은 것 아닌가요?"

당신의 마음에 이런 생각이 든다면, 당신은 겉사람의 사고방식으로 이 문제를 생각하는 것입니다. 그렇다면 당신은 첫째, 죄에 대해 죽는 것이 무엇인지 모르고 있는 것이며, 둘째, 자신의 본질이 무엇인지 모르고 있고, 셋째, 하나님의 은혜를 알지 못하고 있는 것입니다. 하나님이 끝없이 베푸시는 은혜 때문에 똑같은 죄를 계속 짓겠습니까?

> 그런즉 우리가 무슨 말을 하리요 은혜를 더하게 하려고 죄에 거하겠느냐 그럴 수 없느니라 죄에 대하여 죽은 우리가 어찌 그 가운데 더 살리요 무릇 그리스도 예수와 합하여 세례를 받은 우리는 그의 죽으심과 합하여 세례를 받은 줄을 알지 못하느냐 롬 6:1-3

우리가 정말 예수 그리스도와 함께 죽음과 부활을 경험했다면, 결코 그렇게 살지 않을 것입니다. 그렇게 생각하고 그렇게 사는 것은 구약적 사고방식을 갖고 있다는 것입니다. 하나님의 은혜를 경험할 때마다 우리의 겉사람은 점점 더 죽어갑니다. 자신의 본질이 속사람이라는 것을 알고 있는 자녀는 하나님의 사랑과 용서를 경험할 때마다 겉사람의 모든 태도와 행동을 십자가에 못 박습니다.

하나님께서 우리를 사랑하고 기뻐하시는 것은 우리에게 사랑을 받을 만한 공로가 있기 때문이 아닙니다. 오직 예수 그리스도의 공로 때문입니다. 그래서 은혜입니다.

예수 그리스도 안에서 자유함을 누리십시오. 죄책감에서 벗어나십시오. 두려움에서 벗어나십시오. 의무감에서 벗어나십시오. 이것들은 우리를 하나님에 대한 잘못된 생각 앞에 옴짝달싹 못하게 묶어두려는 마귀의 책략입니다. 만약 당신이 그런 것에 묶여 산다면 당신은 삶터에서 하나님이 주신 유업을 이어갈 시간도, 마음도 갖지 못하게 될 것입니다.

> 이는 죄가 사망 안에서 왕 노릇 한 것같이 은혜도 또한 의로 말미암아 왕 노릇 하여 우리 주 예수 그리스도로 말미암아 영생에 이르게 하려 함이라
>
> 롬 5:21

우리는 겉사람의 삶에서 벗어나 그리스도 의식으로 늘 하나님 앞에 머무는 삶을 살아야 합니다. 저 역시 그렇게 살기 위해 애쓰고 있

습니다. 그럴 때 마음이 죄를 짓지 않을 수 있기 때문입니다. 그리고 그 상태에 만족하는 것이 아니라 내 마음에 하나님의 말씀이 풀어져 그 말씀이 내 마음을 새롭게 하도록 애를 씁니다. 그럴 때 주님과 사랑을 나누는 동시에 주님이 허락하신 하루를 주님의 뜻대로 살 수 있기 때문입니다.

이 비밀을 알지 못하고 자기 마음이 자신이라고 믿는 거짓자아에 속아 사는 사람은 늘 부족함을 느끼며, 죄책감과 정죄감에 싸여 주님의 눈치를 보고, 좀 더 사랑받고 인정받기 위해 주님의 주위를 서성이게 됩니다. 그런 자녀의 모습을 바라보는 하나님 아버지의 마음이 얼마나 아프시겠습니까?

마귀의 교묘한 이중 전략

실제로 마귀는 교묘한 전략으로 우리가 계속해서 겉사람의 삶을 살도록 합니다. 마귀가 쓰는 첫 번째 전략은 신실하지 못한 그리스도인이 세상에 관심을 갖도록 하는 것입니다. 마귀는 그들이 교회에 다니고 신앙생활을 하도록 내버려두면서 그 마음은 늘 세상을 향하도록 만듭니다.

이 세상이나 세상에 있는 것들을 사랑하지 말라 누구든지 세상을 사랑하면 아버지의 사랑이 그 안에 있지 아니하니 이는 세상에 있는 모든 것이 육신의 정욕과 안목의 정욕과 이생의 자랑이니 다 아버지께로부터 온 것이 아니요 세상으로부터 온 것이라 요일 2:15,16

그런가 하면 마귀가 신실한 그리스도인에게 쓰는 두 번째 고도의 책략은, 그들이 세상에 관심을 갖지 못하도록 하는 것입니다. 즉, 우리가 잘못된 사고방식으로 하나님과 관계를 갖도록 하는 것입니다.

선뜻 이해가 잘 안 될 것입니다. 우리가 세상에 관심을 끊고 하나님과 늘 교제하는 것이 잘못된 일입니까? 물론 그것은 절대로 잘못이 아닙니다.

그러나 하나님 아버지를 온전히 알지 못하고 잘못된 사고방식으로 교제하면, 하나님의 자녀로서(곧 영적 존재로서) 그분의 전적인 사랑을 누리거나 주 안에서 자유함을 누리거나 하나님의 뜻을 이루는 삶보다는 하나님을 열심히 섬기는 신자로서(곧 육적 존재로서) 하나님과의 관계를 바로 잡는 데 모든 시간과 에너지를 다 사용하게 된다는 것입니다. 이것이 바로 마귀가 참으로 그럴듯하게 사용하는 교묘한 책략입니다.

내가 증언하노니 그들이 하나님께 열심이 있으나 올바른 지식을 따른 것이 아니니라 하나님의 의를 모르고 자기 의를 세우려고 힘써 하나님의 의에 복종하지 아니하였느니라 롬 10:2,3

구원받은 후 자신의 본질적인 정체성을 확신하지 못한 성도는 하나님을 사랑하면 할수록, 하나님이 원하시는 삶을 살려고 노력하면 할수록 결국 자신을 정죄하거나 두려움에 빠지거나 죄책감을 갖게 됩니다.

따라서 본래 하나님의 자녀로서 이미 주신 은혜를 누리거나 주님의 뜻을 이루는 삶이 아니라 늘 주님 앞에서 자신의 죄 때문에 괴로워하거나 자신의 태도와 행동으로 사랑과 인정받기를 갈구하게 되는 것입니다. 이것은 마치 사랑과 관심을 받지 못하고 자란 아이가 다 컸음에도 불구하고 엄마 품에서 떨어지지 않으려고 하는 것과 같습니다.

우리는 '기도하기 전에' 내가 누구인지, 하나님이 나를 어떻게 보시는지 알아야 합니다. 우리가 우리의 마음으로 하나님을 대하면 늘 죄책감, 수치심, 정죄감으로 인해 주님 앞에 나아갈 수 없게 됩니다. 그러나 자신의 본질이 그리스도 안에 있다는 사실을 알게 되었다면, 이제 우리 마음과 육신의 잘못을 회개하고 주님의 사랑받는 자녀로 주님의 보좌 앞으로 나아가 그분 안에 거하는 것을 배워야 합니다.

능력 있는 기도는 혼으로 드리는 기도가 아니라 영으로 드리는 기도입니다.

진정한 겸손

겸손한 사람일수록 하나님은 전지전능하시고 절대주권을 가지신 분인 반면 자기 자신은 무능하고 어리석은 존재이며 심지어는 벌레만도 못한 자라고 여깁니다. 대화에서도 은연중에 자신을 그렇게 표현하며, 자신은 아무것도 할 수 없는 존재라고 여기면서 항상 자신을 낮추려고 최선을 다합니다.

그런 사람과 지내다 보면 두 가지를 발견하게 됩니다. 첫째는 말은 그렇게 하지만 실제 삶은 여전히 벌레 이상의 삶을 살고 있다는 것과 둘째로 그 사람의 기도는 책임회피적이고 현실도피적인 것처럼 여겨진다는 것입니다. 이 문제에 대해 어떻게 생각해야 하는지 살펴보도록 합시다.

당신은 누구입니까? 당신은 예수 그리스도 안의 새로운 피조물입니까? 당신은 하나님의 자녀입니까? 당신은 지금 이 세상에서 살고 있습니까, 아니면 도래한 하나님나라에서 살고 있습니까? 당신은 자신의 나라와 의를 구하는 자입니까, 아니면 주의 나라와 의를 구하는 자입니까? 우리 스스로 자신을 높이는 것도 교만이지만, 예수 그리스도로 말미암아 하나님의 자녀가 되었음에도 불구하고 여전히 하나님의 자녀가 아닌 것처럼 사는 것은 더 큰 교만임을 알아야 합니다. 하나님의 자녀로서 주님의 뜻에 순종하며 사는 것이 진정한 겸손입니다.

전능하신 하나님이 못 하시는 것

하나님은 전지전능한 분이십니다. 모든 권세와 능력의 근원은 하나님이십니다. 하나님께서는 이 땅에 주님의 뜻을 이루시기 위해 자녀에게 그 권세와 능력을 위임하셨습니다. 이 말은 우리가 하나님 대신에 이 땅에서 행한다는 의미가 아닙니다. 우리가 주님의 뜻을 이룬다는 것은, 우리 안에 계신 주님이 우리를 통하여 나타나시도록 하는 것을 말합니다. 예수님이 공생애 사역을 감당하실 때 하신 말씀을 생각해보십시오.

> 내가 아버지 안에 거하고 아버지는 내 안에 계신 것을 네가 믿지 아니하느냐 내가 너희에게 이르는 말은 스스로 하는 것이 아니라 아버지께서 내 안에 계셔서 그의 일을 하시는 것이라 요 14:10

하나님께서는 전지전능하시기 때문에 모든 일을 행할 수 있으십니다. 그럼에도 불구하고 하나님께서 하실 수 없는 일이 있습니다. 그것은 바로 말씀에서 벗어나는 일입니다. 하나님이 곧 말씀이시기 때문입니다.

하나님은 우리를 사랑하시지만 우리 뜻대로 행하시는 분이 아니라 말씀대로 행하시는 분입니다. 많은 성도들이 하나님의 말씀을 제대로 알지 못하고 '지성이면 감천'이란 식의 사고방식에 사로잡혀서 간절히 끈질기게 기도하면 하나님이 마침내 들어주시리라고 생각합니다. 심지어 혼자 해서 안 되니까 무리로 모여 기도함으로써 하나님의 보좌를 움직일 수 있을 것이라고 생각하는 사람들이 얼마나 많은지 모릅니다.

우리가 하나님의 자녀라 할지라도 말씀에서 벗어난 우리의 뜻을 이루기 위해 기도한다면 아무리 간절히 기도하며 금식한다 해도 하나님께서는 그 뜻을 이루어주시지 않을 뿐더러 하실 수도 없다는 것을 알아야 합니다. 그렇게 된다면 하나님이 스스로를 부정하시는 것이 되기 때문입니다.

우리는 하나님의 말씀을 제대로 알아야 합니다. 우리는 하나님께서 무엇이든지 하실 수 있다는 것은 믿지만 그분이 친히 우리에게 알려주신 성경의 말씀은 믿지 못하고 있습니다. 예를 들어, 우리는 하나님이 말씀대로 행하신다는 것을 믿지 못하고 있습니다. 그리고 그분이 이미 이루신 것들을 믿지 못하고 있습니다. 더욱이 우리에게 주기 원하시는 것도 믿지 못하고 있습니다.

하나님은 하늘에서 이미 이루어진 약속의 말씀을 우리에게 주신 분이고, 우리는 그 말씀이 이 땅에 실체로 나타나도록 말씀을 집행하는 자입니다. 우리는 '기도하기 전에' 지금 상황에 대해서 어떻게 기도해야 할지를 알아야 합니다. 이미 주신 것을 감사함으로 받아들여야 할지, 아니면 주시도록 간구해야 할지 말입니다.

예를 들어, 하나님의 자녀가 예수님이 이미 이천 년 전에 이루신 약속의 말씀을 가지고 "하나님께서 내 죄를 사해주실 것을 믿습니다"라고 기도한다면 주님은 어처구니없어 하실 것입니다.

그 아들 안에서 우리가 속량 곧 죄 사함을 얻었도다 골 1:14

자신이 죄를 짓고 난 후에 잘못을 깨닫고 자신의 죄책감이 사라질 때까지 계속 죄를 용서해달라고 기도한다면, 하나님께서는 딱하게 여기실 것입니다.

하나님의 일과 우리의 일

하나님은 절대주권을 가진 분이십니다. 하나님은 창조주이시며 또한 모든 피조세계를 통치하십니다. 우리는 여전히 구약적인 사고 방식 아래서 하나님 대신 우리가 나서면 죄를 짓는 것이고 벌을 받는다는 생각을 갖고 있습니다. 그래서 겸손한 사람일수록 '우리가 할 수 있는 것은 아무것도 없다'라거나 '모든 일은 주님이 하신다', 심지어 '주님이 모든 일을 하셔야 한다'라고 생각합니다. 문제는 이미 허락하신 일조차도 하나님의 뜻에 달려 있다고 착각하는 것입니다.

하나님이 주신 약속의 말씀은 무조건적이고 자동적으로 이 땅에 이루어지는 것이 아닙니다. 하늘에 계신 하나님 아버지께서는 이 세상을 회복시키기 위해 주신 약속의 말씀을 그분의 자녀를 통해서 이 땅에 이루기 원하십니다. 그것이 바로 우리가 그분의 상속자로서 이

루어가야 할 유업입니다. 우리가 하나님의 일을 대신 할 수 없듯이
하나님도 우리의 일을 대신 할 수 없으십니다.

하늘은 여호와의 하늘이라도 땅은 사람에게 주셨도다 시 115:16

감추어진 일은 우리 하나님 여호와께 속하였거니와 나타난 일은 영원히 우리
와 우리 자손에게 속하였나니 이는 우리에게 이 율법의 모든 말씀을 행하게
하심이니라 신 29:29

나라가 임하시오며 뜻이 하늘에서 이루어진 것같이 땅에서도 이루어지이다
마 6:10

끈질긴 기도 속에 감춰진 속내

하나님께서는 마귀의 통치로 더럽혀진 이 땅을 회복하시기 위해
예수 그리스도를 보내주시고 이미 모든 일을 행하셨습니다. 우리는
말씀에 따라 믿음으로 기도하고, 그 다음에는 그 말씀대로 행해야
합니다. 그런데도 우리는 기도만 함으로써 주님이 직접 행하시도록
압박을 가하고 있습니다.

"주님, 제가 기도하는 것은 저를 위한 것이 아니라 주님의 뜻을 이
루기 위한 것입니다. 주님이 이루어주옵소서! 역사하여주옵소서!"

더욱이 구체적으로 기도한다고 하면서 "언제까지 어떻게 해주시옵소서"라고 외치곤 합니다.

기도하는 것이 나쁘단 말입니까? 결코 그런 말이 아닙니다. 그러나 우리는 말씀대로 기도할 줄 알아야 합니다.

내가 납득될 때까지 기도해야지

많은 사람들이 계속 기도만 하는 이유가 무엇일까요? 표면적으로 볼 때는 하나님의 뜻을 분명하게 구하고 하나님의 절대주권에 순종하기 위해서입니다. 그러나 그들의 마음속에는 이런 생각들로 가득할 때가 많습니다.

'내가 이렇게 하는 것이 하나님의 뜻이 아닐지도 몰라! 내가 잘못하면 하나님이 실망하실지 몰라! 하나님보다 앞서면 안 돼! 부정할 수 없는 하나님의 사인(sign)이 있어야 돼! 모든 것이 다 이해될 때까지는 함부로 행동하면 안 돼!'

겉으로는 하나님의 완전한 뜻을 구하고 주님의 뜻에 순종하고자 계속 기도한다지만, 그 속마음을 들여다보면 사실은 자신의 이성으로 모든 것이 이해되고 합당하다고 생각될 때까지 기도하려는 것입니다.

기도는 하나님의 뜻에 우리를 맞추고 하나님의 뜻을 이루기 위해서 하는 것이지, 우리가 이해하는 것을 이루기 위해서 하는 것이 아닙니다. 우리의 이성으로 이해되는 수준이라면 그것은 우리의 일이지 하나님의 일은 아닐 것입니다. 우리는 기도 가운데 하나님의 감동을 받아야 하며, 말씀에 따라 믿음으로 행동할 수 있어야 합니다.

이는 내 생각이 너희의 생각과 다르며 내 길은 너희의 길과 다름이니라 여호와의 말씀이니라 사 55:8

실패와 고통이 싫다

또한 하나님의 완전한 뜻을 구하고 주님의 뜻에 순종하고자 계속 기도한다고 생각하지만, 사실은 실패와 고통 없이 모든 일이 잘되기를 바라는 마음 때문에 기도만 하는 것입니다. 자신은 어떠한 고통도 받고 싶지 않고, 실패도 있어서는 안 된다고 생각하기 때문입니다. 이것은 너무나 교만한 일이며, 자신의 절대주권을 지키기 위해서 하나님의 절대주권을 교묘히 악용하는 것일 뿐입니다.

기도는 자신의 뜻을 관철시키는 것이 아니라 하나님의 말씀에 따라 자신의 뜻을 버리는 것입니다. 그런데 자신은 변화 없이 그대로 머물러 있으면서 실패나 고통은 당하고 싶지 않다는 것은 자기 자신이 변화될 필요 없는 절대주권을 지닌 자라고 착각하고 있다는 뜻이기도 합니다.

우리는 기도만으로 하나님의 모든 뜻을 다 알 수 없습니다. 기도한 후에 믿음으로 행동할 때, 그때부터 하나님께서 우리의 길을 세밀히 인도하십니다.

너희는 말씀을 행하는 자가 되고 듣기만 하여 자신을 속이는 자가 되지 말라
약 1:22

현실이 두렵다

사람들이 기도만 하는 또 다른 이유는, 기도한 후에 맞닥뜨릴 현실이 두렵기 때문입니다. 기도한 대로, 주신 말씀에 따라 나아가서 세상과 직면하고 마귀와 싸워서 이길 자신이 없기 때문입니다. 그래서 현실도피적인 기도를 하고, 자신이 해야 할 일까지도 하나님이 해주시길 바라는 것입니다. 자신이 직접 행동하는 대신, 간절히 끈질기게 기도하니 주님이 친히 이루어달라는 식입니다.

주님이 이미 행하신 것을 받아 누리는 것은 주님께 달려 있는 것이 아니라 바로 우리에게 달려 있습니다. 하나님이 행하실 일과 우리가 행해야 할 일이 있는데, 안타깝게도 자녀들이 이것을 구별하지 못하고 있습니다. '하나님을 부리고자 하는 신실한 자녀들에게' 하나님께서 "이젠 네 차례야"라고 하시는 말씀을 들어야 합니다.

너희는 나를 불러 주여 주여 하면서도 어찌하여 내가 말하는 것을 행하지 아니하느냐 내게 나아와 내 말을 듣고 행하는 자마다 누구와 같은 것을 너희에게 보이리라 눅 6:46,47

그의 안에 산다고 하는 자는 그가 행하시는 대로 자기도 행할지니라 요일 2:6

책임 지기 싫다

마지막으로, 계속 기도만 하기 원하는 마음의 더 깊은 곳에는 자신의 책임을 하나님께 전가하고 싶은 마음이 있습니다. 자신은 기도했지만 아무것도 얻지 못했고 아무 일도 일어나지 않았다며 그 책임을 자신이 아니라 하나님께로 돌리려는 것입니다.

이렇게 기도하는 사람들은 흔히 예수님이 십자가에 달리시기 전에 하나님 아버지께 마지막으로 드린 기도를 떠올리며 "주의 뜻대로 되기를 원합니다"라고 기도하곤 합니다.

조금 나아가사 얼굴을 땅에 대시고 엎드려 기도하여 이르시되 내 아버지여 만일 할 만하시거든 이 잔을 내게서 지나가게 하옵소서 그러나 나의 원대로 마시옵고 아버지의 원대로 하옵소서 하시고 마 26:39

언뜻 생각하기에 이는 매우 고상한 기도 같지만 사실은 자신과 예수님을 동격으로 착각하고 있는 것입니다. 예수님은 자신의 뜻도, 하나님의 뜻도 분명히 알고 이렇게 기도하셨지만, 그 기도를 흉내 내는 사람은 하나님의 뜻이 무엇인지도 알지 못하면서 이런 식의 기도를 하고 있다는 것을 알아야 합니다.

이제 다시 한 번 생각해봅시다. 자신을 낮추며 아무것도 아닌 자라고 표현하는 것이 진정한 겸손일까요? 우리는 특별한 사람은 아니지만, 창조주 하나님께서 우리 안에 계시다는 사실을 분명히 알아야 합니다. 우리는 육적인 삶을 사는 자가 아니라 영적인 삶을 사는 자입니다. 그러므로 세상적 겸손을 가장하여 교만을 떨거나, 마귀에게 속아 주님의 뜻을 행하지 않거나, 더 나아가 방해하는 기도를 하지 말아야 합니다.

> 너희는 하나님이 우리 속에 거하게 하신 성령이 시기하기까지 사모한다 하신 말씀을 헛된 줄로 생각하느냐 그러나 더욱 큰 은혜를 주시나니 그러므로 일렀으되 하나님이 교만한 자를 물리치시고 겸손한 자에게 은혜를 주신다 하였느니라 그런즉 너희는 하나님께 복종할지어다 마귀를 대적하라 그리하면 너희를 피하리라 약 4:5-7

우리는 '기도하기 전에' 우리의 기도가 하나님의 말씀에 일치되는지를 알아야 하고, 또 기도해야 할 일과 기도대로 행동해야 할 일을 구별할 줄 알아야 합니다. 그렇지 않으면 중언부언하며 주님께 떼쓰는 기도밖에 할 수 없게 됩니다.

내 삶을 포기해야만 하나님을 섬길 수 있는가?

대학교 때 기독동아리 회장을 했을 정도로 하나님을 열심히 섬기던 신실한 한 형제가 있었습니다. 그는 대학을 졸업한 후에 좋은 직장에 들어갔고, 또 열심히 일해서 주위로부터 인정받아 남들보다 빠르게 승진했으며, 좋은 부서에서 일하게 되었습니다.

그런데 그때부터 형제에게 한 가지 고민이 생겼습니다. 회사에서 인정받고 지위가 높아진 것은 좋지만, 일이 많아져 매일 밤 11시나 되어야 겨우 퇴근을 할 수 있었던 것입니다. 자신이 평사원이었을 때는 하나님과 독대하는 시간도 많았고, 교회에서 다양한 봉사와 활동에 참여할 수도 있었는데, 회사에서 두각을 나타낼수록 하나님과는 점점 더 멀어지고 있다는 느낌을 지워버릴 수 없었던 것입니다. 늘 기도할 시간은 모자라고, 하나님으로부터 부어지는 은혜 없이 많은 사람들을 만나다 보니 오히려 삶의 질이 전보다 떨어지고 짜증나고 힘들다는 것입니다. 그렇다고 해서 회사를 그만둘 수도 없으니, 어떻게 하면 좋겠냐고 제게 상담을 요청해왔습니다.

이 고민은 그 형제만의 고민이 아니라 어쩌면 하나님을 사랑하고 열심으로 하나님을 섬기는 모든 그리스도인의 공통된 고민이라는 생각이 듭니다. 제가 그 형제에게 상담해준 내용은 이랬습니다.

"형제님, 무슨 말이지요? 형제님이 평사원일 때는 하나님을 나타낼 수 있는 시간이 8시간밖에 되지 않았지만, 지위가 높아져서 지금은 하나님을 나타낼 수 있는 시간이 하루에 12시간이나 주어졌는데요. 그것은 하나님이 주신 특권인데, 왜 그런 생각을 하는 것인가요?"

저도 그 형제의 고민과 문제를 모르는 것은 아닙니다. 문제의 핵심은, 그 형제는 하나님과 더 교제하고 싶지만 자신의 일이 많아졌기 때문에 시간을 낼 수 없다는 것입니다. 물론 우리에게는 그 형제가 원하는 것처럼 하나님과 독대하며 그분과 친밀한 교제를 나누는 시간이 필요합니다. 또 그렇게 해야 합니다. 하지만 정말 중요한 것은 시간이 문제가 아니라 잘못된 사고방식이 문제라는 것을 알아야 한다는 것입니다.

24시간 몽땅 주님의 시간

어떤 부분이 잘못된 사고방식입니까? 첫째로, 하루의 대부분을 보내고 있는 직장생활은 자신이 해야 하는 세상 일이고, 기도하고 말씀 보고 교회에 가는 것만이 하나님을 위한 일이라고 생각하는 것입니다. 우리가 그리스도인이 되었다면 우리의 소유나 우리의 시간이란 없습니다. 우리는 하나님을 위해서 '나의 하루'를 보내는 것이 아니라, 주님이 주신 '하나님의 하루'를 보내는 것입니다.

우리가 일하는 동안에도 하나님은 우리와 함께하십니다. 우리는 평범한 일상을 살면서 하나님과 교제하는 법을 배워야 하고, 내가 아니라 하나님께서 드러나시는 일을 해야 합니다. 그런데 마귀는 우리로 세상 일과 하나님의 일을 구분하는 이원론적인 삶을 살도록 끊임없이 속이고 있습니다. 그러나 우리의 삶 자체가, 호흡하는 자체가 주님과 교제하는 것임을 알아야 합니다.

둘째로, 영적으로 성숙해지기 위해서는 주님을 위해 따로 시간을 떼어놓고 자신의 일을 포기해야만 한다고 생각하는 것입니다. 그럴 때 하나님이 기뻐하시며 자신을 위해 무엇인가를 베푸실 것이라고 생각하는 것입니다. 물론 우리는 당연히 그렇게 해야 합니다. 그러나 일적으로 혹은 시간적으로 그렇게 하지 못한다 하더라도 하나님은 우리를 기뻐하지 않으시거나 무언가를 베풀지 않으시는 분이 아니라는 것을 알아야 합니다.

문제는 마음입니다. 정말 중요한 것은 시간이나 일의 포기가 아니라 그 시간을 보내고 그 일을 하는 것이 자기라고 믿는 거짓자아를 포기하는 것입니다. 주님은 이미 우리 안에 계십니다. 우리가 마음을 드릴 때 그분은 언제 어디서나 우리를 통해서 나타나시고, 삶을 통해서 우리와 교제하기 원하십니다. 그것이 바로 우리가 배워야 할 기도입니다.

> 이에 예수께서 제자들에게 이르시되 누구든지 나를 따라오려거든 자기를 부인하고 자기 십자가를 지고 나를 따를 것이니라 마 16:24

만약 반드시 일정한 시간을 따로 떼어놓아야만 혹은 내 일의 일부를 포기해야만 하나님과 진정한 교제를 나눌 수 있다고 생각한다면, 지금 내가 보내는 시간과 하는 모든 일은 '나의 것'이 되는 것입니다. 갈라디아서 2장 20절을 생각해보십시오.

> 내가 그리스도와 함께 십자가에 못 박혔나니 그런즉 이제는 내가 사는 것

이 아니요 오직 내 안에 그리스도께서 사시는 것이라 이제 내가 육체 가운데 사는 것은 나를 사랑하사 나를 위하여 자기 자신을 버리신 하나님의 아들을 믿는 믿음 안에서(하나님의 아들 안에 있는 믿음으로—저자 주) 사는 것이라 갈 2:20

우리가 보내는 하루 24시간, 일 년 365일 그리고 우리가 행하는 모든 일이 우리 것이 아니란 말입니다. 그 모든 것은 하나님의 것입니다. 그런데 우리는 오직 일부 시간을 따로 떼어놓고, 내 삶의 일부를 포기할 때라야만이 하나님과 교제할 수 있다고 착각하는 것입니다.

이것은 하나님을 위해 따로 떼어놓는 시간이 불필요하다는 것이 아니라, 하나님이 정말 원하시는 것은 그 시간을 포함하여 나의 삶 전부를 통치하시는 것이며, 나를 통하여 그분이 나타나시는 것임을 알아야 한다는 말입니다. 그렇게 행하도록 하는 것이 바로 기도입니다.

삶의 모든 터전이 예배의 처소이다

우리가 하나님의 자녀라면 하나님께서는 이미 우리 안에 계십니다. 영적이고 능력 있는 기도는 거룩한 장소에서만이 아니라 우리의 삶터에서도 동일하게 이루어집니다.

그런데 우리는 너무나 오랫동안 구약적인 사고방식으로 생각해왔기에, 삶의 터전에서 벗어나서 하나님과 교제하는 것만이 진정한 교제라고 생각해왔습니다. 새 언약 아래서 하나님 아버지는 어떤 종교적인 행위가 아닌 평범한 일상의 삶에서 자녀들과 교제하기 원하십니다. 그것이 바로 우리가 깨닫고 배워야 할 기도입니다.

오순절 날 이후 하나님나라의 법이 효력을 발생한 이후부터 예수님은 그리스도의 영으로 우리 안에 계십니다. 우리가 있는 곳이 예수님이 계신 곳입니다. 우리가 가는 곳이 예수님이 가시는 곳입니다. 그러므로 특별히 신령한 어느 곳에 가서 시간을 떼어놓고, 해야 할 일을 포기할 때라야만 하나님을 만나고 기도할 수 있다는 생각에서 벗어나십시오.

우리가 영적으로, 또 생명적으로 간절히 기도해야 하는 장소와 시간은 바로 마귀가 통치하고 있고, 불신자들이 대적하고 있으며, 해야 할 일들이 쌓여 있는 바로 그 시간, 그 장소입니다. 그 시간, 그 장소에서 하나님이 우리의 기도를 들으시고 친히 나타나기를 원하십니다.

진정한 죽음을 경험하지 못한 자는 세상에서 벗어나기를 원합니다. 자기의 일상에서 벗어나기를 원하며, 그래야만 기도할 수 있다고 생각합니다. 왜냐하면 악한 영들이 영향을 미치고 불신자들과 함께해야 하고 나를 대적하는 자와 함께하는 그 시간, 그 장소를 직면하는 것이 두렵기 때문입니다.

그러나 하나님의 자녀는 반대로 희열을 느껴야 합니다. 왜냐하면 예수님은 우리가 그 시간, 그 장소에서 빛과 소금의 역할을 감당하길 원하시기 때문입니다. 우리는 주님을 나타내고 싶어 안달해야 합니다.

'어떻게 하면 주님의 지혜와 성품과 능력이 더 나타날까? 어떻게 하면 주님의 영광이 더 드러나게 할까?'

그 전쟁은 내가 하는 전쟁이 아닙니다. 내 안에 계신 예수 그리스도께서 나타나시는 전쟁입니다. 우리가 능력 있는 기도를 배우기 원한다면 바로 그 전쟁터에서 드리는 기도를 배워야 합니다.

'기도하기 전에' 우리는 기도에 있어서 시간도, 장소도, 상황도 문제가 아님을 알아야 합니다. 일정한 시간을 떼어놓고 주님과 교제하는 것도 필요하지만, 우리의 삶 전부가 기도가 되게 해야 합니다. 우리를 통해서 주님이 나타나시도록 하는 것이 기도입니다!

기도는 하나님이 베풀어주시도록 우리가 애쓰는 것이 아니라 하나님이 이미 베푸신 것을 받아들이도록 우리의 마음을 변화시키는 것입니다. 주님이 이미 이루신 것을 받아 누리는 것은 하나님께 달려 있는 것이 아니라 우리에게 달려 있다는 것을 알아야 합니다.

우리가 예수 그리스도 안에 있다면 우리 겉사람의 행위나 태도에 따라 하나님의 마음이 변화되지는 않으십니다. 하나님은 오직 예수 그리스도를 통하여 우리와 관계하십니다. 이제 우리는 내 마음이 나라고 믿게 하는 거짓자아로 현실을 판단하는 것이 아니라, 그리스도 안에 있는 새로운 자아(속사람)로 현실을 보는 것을 배워야 합니다. 그럴 때 겉사람은 후패하지만 속사람은 날로 새로워집니다. 겉사람으로 신앙생활을 하면 세상에서 벗어나야 하지만, 속사람으로 신앙생활을 하면 주님의 뜻을 이루기 위해 세상으로 나아갑니다.

하나님은 전지전능하시지만, 말씀 밖의 일을 행하실 수는 없습니다. 따라서 우리는 주님의 말씀대로 기도할 줄 알아야 합니다. 하나님은 절대주권을 가진 분이십니다. 그렇지만 그분이 행하신 일과 우리가 행해야 할 일을 구분할 수 있어야 합니다. 우리가 믿음으로 행해야 할 일을 하지 않고 기도만 한다면, 그것은 현실 도피이며 하나님의 절대주권을 자신의 방식대로 이용하는 책임회피적 사고방식일 뿐입니다.

기도는 세상의 일과 분리된 고상한 것이 아닙니다. 우리는 따로 떼어놓은 시간뿐만 아니라 마귀와 대적하는 평범한 일상 속에서도 늘 주님과 교제하며 그분의 뜻을 나타내는 것을 배워야 합니다.

PRAY

주님, 하나님나라의 사고방식으로 주님과 새로운 관계를 가질 수 있도록 해주셔서 감사합니다. 지금껏 늘 제 중심적으로, 세상적으로 주님을 생각하여 진정한 자유함도 누리지 못하고 주님의 뜻도 이루지 못한 채 '주님이 나를 어떻게 생각하실까'에 전전긍긍하는 기도생활을 해왔습니다.

이제는 겉사람으로 살아가지 않고 어떤 경우에라도 그리스도 안에 있는 자녀로서 모든 상황과 사건을 판단하겠습니다. 그리고 기도만 하는 것이 아니라 주님이 이미 이루신 것을 믿고 행동하겠습니다. 또한 24시간 중에서 따로 떼어놓은 시간뿐만 아니라 가장 많은 시간을 보내는 삶터에서도 주님과 교제하며 주님을 나타내는 기도를 배우겠습니다. 새로운 사고방식으로 새로운 관점을 갖게 해주신 주님을 찬양합니다.

3

BEFORE YOU PRAY

지식을
새롭게 하여
기도하라

chapter 08

기도하기 전에,
생물학적 결정론에서
벗어나라

패러다임이 혼재된 시대

역사를 살펴보면, 어느 시대든 사람들은 그 시대의 과학과 문화가 주는 패러다임에 무의도적이고 무의식적으로 영향을 받아온 것을 알 수 있습니다. 예를 들어, 그리스-헬레니즘, 암흑기 시대, 르네상스, 계몽주의, 산업혁명, 근대주의 등은 그 시대를 대표하는 패러다임이었습니다.

그러나 오늘날에는 우리 시대가 어떤 패러다임을 가진 사회라고 말하기가 어려워졌습니다. 왜냐하면 급속도로 발전하는 과학과 문화적 다양성으로 인해 너무나 다양한 패러다임이 혼재하고 있기 때문입니다. 따라서 동시대에 동일한 매체와 지식을 공유하며 살고 있음에도 불구하고 사람들의 삶의 질과 폭 그리고 사고방식의 차이가 엄청납니다.

아주 간단한 예로, 최신식 핸드폰을 다양하게 사용하는 청년들과 단지 전화기 기능만을 사용하는 노인들을 비교해봅시다. 동일한 시대에 살지만, 핸드폰의 활용도와 그에 따른 삶의 질에는 엄청난 차이가 납니다.

오늘날 과학자들이 발견한 첨단 지식과 기술은 새로운 세상을 보고 새로운 차원을 말하지만, 대부분의 일반인들은 여전히 과거의 패러다임에서 벗어나지 못하고 있습니다. 예를 들어, 작년에 알게 된 지식이 진실이 아니라고 판명되었음에도 불구하고 많은 사람들은 자신의 습득한 지식이 계속해서 진리라고 생각하며, 그것에 기초해서 생각하고 행동합니다. 따라서 우리는 매일매일 새로운 사실을 접하고, 더 배워야 제대로 된 삶을 살 수 있는 것처럼 느끼기도 합니다.

더 놀라운 사실은 과학이 발전하면 할수록 하나님 말씀의 비밀이 조금씩 더 풀어지고 있다는 것입니다. 모든 것이 무상하되 오직 주의 말씀만이 영구불변하다는 것을 역사가 말해주고 있습니다. 그리스도인인 우리는 세상에 대해 알면 알수록, 배우면 배울수록 내 삶의 기초가 하나님의 말씀이 되어야지 과학적 지식이 되어서는 안 된다는 것을 깨닫게 됩니다.

창세로부터 그의 보이지 아니하는 것들 곧 그의 영원하신 능력과 신성이 그가 만드신 만물에 분명히 보여 알려졌나니 그러므로 그들이 핑계하지 못할지니라 하나님을 알되 하나님을 영화롭게도 아니하며 감사하지도 아니하고 오히려 그 생각이 허망하여지며 미련한 마음이 어두워졌나니 스스로 지혜 있다 하나 어리석게 되어 롬 1:20,22

그동안 우리가 절대적 진리로 신봉해왔던 몇 가지 사실이 새로운 과학적 발견으로 인해 더 이상 진리가 아니며, 새롭게 발견된 과학적 사실이 놀랍게도 하나님의 말씀을 증거하는 사례로 쓰임 받고 있습니다. 이제 그 사례를 몇 가지 살펴보려고 합니다.

이 장(章)에서 제가 정말 전하고 싶은 것은, 우리는 더 이상 과학적 지식을 판단의 기준으로 삼아서는 안 되며, 과학은 하나님이 계시지 않는다는 것을 증명한다는 생각을 버려야 한다는 것입니다. 모든 피조세계의 섭리(자연계를 지배하는 원리와 법칙)의 판단 기준은 하나님의 말씀이 되어야 합니다. 오늘의 과학적 진리는 내일의 과학적 발견으로 얼마든지 변화될 수 있습니다. 과학의 발전은 하나님의 섭리(세상과 우주 만물을 다스리는 하나님의 뜻)를 향해서 나아가고 있을 뿐입니다.

진화론과 유전자 결정론의 절망

지난 100년에 걸쳐 생물학계를 주도해온 패러다임은 다윈이 주장한 '진화론'과 제임스 왓슨과 프랜시스 크릭이 발표한 'DNA 구조'라고 해도 과언이 아닙니다.

다윈은 영국의 산업자본주의 시대상인 '자유경쟁에 의한 번영이념'에 힘입어 1859년에 《종의 기원》이라는 책에서 '자연선택설', 즉 진화론(evolution theory)을 주장했습니다. 진화론의 핵심 내용은 약육강식, 적자생존, 자연도태로, 이러한 개념은 그 후 인간이 세상과 자신을 보는 관점을 서서히 변화시켰습니다. 즉, 살아남기 위해서는 투쟁해야 하며, 상대방을 짓밟아야 하고, 이겨야 한다는 사고방식을 주입시킨 것입니다. 그는 또한 부모에게 있는 형질이 자손에게 유전되며, 그 전달된 '유전적 요인'이 어떤 개체의 형질을 지배한다고 주장했습니다.

마침내 1910년에 유전정보가 염색체에 들어 있다는 것이 알려졌고, 1944년에는 그 유전정보가 염색체 내에 있는 DNA라는 사실을 알게 되었습니다. 그리고 1953년 제임스 왓슨과 프랜시스 크릭은 DNA의 이중나선 구조와 기능을 밝혀냈습니다. 유전적 요인의 본질이 바로 DNA라는 사실을 밝혀냄으로써 마침내 생명의 비밀이 풀리게 된 것입니다.

이후 DNA는 생물학의 핵심이 되었고, 인간의 모든 형질(신체적 특징 및 감정과 행동패턴과 같은 속성)은 부모로부터 물려받은 DNA에 의해 결정된다고 여겨졌습니다. 그리고 유전 정보는 DNA → RNA → 단백질의 순서로 전달된다는 생명 발현의 메커니즘은 생명체 유전의 가장 중요한 진리로, '생명의 중심 원리'(central dogma)라고 불렸습니다.

생명 유전의 비밀이 밝혀지자 과학자들은 흥분했습니다. 그래서 1980년 후반, 전 세계 과학자들은 '인간 게놈 프로젝트'를 통해 인체 내 모든 유전자를 찾아내 목록을 만드는 일에 관심을 갖기 시작했습니다. 그것이 완성되면 인류는 모든 질병으로부터 해방될 뿐만 아니라 좋은 유전자로 새로운 인간을 만들 수 있을 것이라고 생각했기 때문입니다.

당초 과학자들은 인간의 몸에 존재하는 10만여 가지의 단백질이 만들어지기 위해서는 10만여 가지의 유전자가 있어야 할 것으로 추정했으며, 유전자의 활동을 조절하는 유전자가 적어도 2만 개 정도 있어야 한다고 생각했습니다. 인간 게놈의 모든 염기 서열을 해석하려는 '인간 게놈 프로젝트'는 1990년에 시작되어 2003년에 완료되었습니다.

그러나 이 프로젝트의 결과는 과학자들에게 엄청난 충격을 주었습니다. 왜냐하면 기대와는 정반대로, 인간 게놈에는 약 2만 5천 개의 유전자밖에 없다는 것이 밝혀졌고, 이 유전자 수는 초파리의 두 배 정도이며, 쥐와는 유전자의 95퍼센트가 일치한다는 결과가 나왔기 때문입니다.

한 유전자가 한 단백질을 합성한다는 중심 원리와 더불어 생물학적으로 가장 고등하게 진화했다고 믿었던 인간의 교만이 무참히 무너졌습니다. 단지 유전자만으로는 하등생물과 고등생물을 분류할 수 없으며, 적자생존만이 유전자의 도태와 변이를 통한 진화의 원동력이 될 수 없다는 것이 판명되었기 때문입니다.

그동안 주류과학은 생명체를 자연도태와 약육강식적 측면과 유전자 결정론적 관점에서만 보아왔지, 상호협력이나 환경과의 관계, 그리고 비물질과 물질과의 관계는 애써 배제해왔습니다. 실제로 유전자 결정론적 주장과는 다른 실험적 결과들은 그동안 이단시되었고, 최고의 저널들에 실리지도 못했습니다.

그러나 계속되는 실험들을 통해 밝혀진 사실은 유전자가 무엇인가를 만들어내려면 유전자 자체의 특성으로부터가 아니라 환경으로부터 오는 신호가 그 유전자의 발현(gene expression)을 활성화시켜야 한다는 것이었습니다.

다시 말해서, 유전자의 발현에 중요한 것은 유전자 자체가 아니라 그 유전자의 발현에 영향을 미치는 비물질적, 물질적 환경이라는 것입니다. 환경의 변화에 따라 조절단백질이 작동하게 되고, 그것에 의해서 유전자가 발현하게 되는데, 그동안 과학자들은 핵 내 염색체를 분리한 다음 그 안에 있는 조절단백질은 버리고 유전자만을 취하여 연구해온 것입니다.

믿음에 달렸다

더 놀라운 사실은 인간의 몸과 마음을 지배하는 것이 유전자의 발현을 지배하는 호르몬과 신경전달물질이 아니라, 거꾸로 그 물질들을 조절하는 것이 바로 우리의 생각(의식, 믿음)이라는 것입니다. 이것은 과학자들이 오랫동안 신봉해온 데카르트-뉴톤식의 기계론적 물리학을 뒤엎어버리는 엄청난 사건이었습니다. 비물질과 물질은 독립적이며 서로에게 어떤 영향도 미칠 수 없다는 전통적인 개념을 깨뜨리는 새로운 개념이었기 때문입니다.

사실, 이런 내용은 오래전부터 최면술이나 플라시보 혹은 노시보 효과 등을 통해서도 확인된 사실이었지만, 주류과학이 수용하지 않았을 뿐이었습니다. 예를 들어, 어떤 약의 효과가 나타나거나 부작용이 감소되는 것은 그 약을 복용한 사람의 믿음에 달려 있는 경우가 많습니다. 아무리 좋은 약이라도 그 효과에 대해 의심하고 있다면 효과를 제대로 보지 못합니다.

결국 결과는 그 대상 자체에 있는 것이 아니라, 그것에 대해 우리가 무엇을 어떻게 의식하느냐, 즉 '믿느냐'에 달려 있다는 것을 의미합니다. 결론은 진짜 몸을 고치는 일은 마음에서 출발한다는 것입니다. 긍정적 또는 부정적 신념은 건강뿐만 아니라 삶의 모든 측면에 영향을 끼칩니다.

이런 사실은 오늘날 우리를 죽음으로 몰아가는 암과의 전쟁에 대해서도 새로운 시각을 갖게 합니다. 예를 들어 동일한 암에 걸렸어도 어떤 사람은 의사들이 예정한 날짜보다 일찍 죽기도 하고, 의사들의 예측과는 달리 완치가 되거나 암이 더 이상 증식하지 않은 채 오랫동안 건강하게 사는 사람도 있습니다. 그 이유는 바로 우리의 믿음이 우리의 육신, 특별히 면역체계에 엄청난 영향을 미치기 때문입니다.

마침내 이런 관점은 유전학적 결정론에 반기를 드는 후생유전학(epigenetics)을 태동시켰습니다. 후생유전학은 생명을 더 이상 핵 중심으로 보는 것이 아니라 세포막과 더불어 보게 되었고, 기존의 물리학적 측면과 더불어 양자물리학적 측면으로 관심을 돌리게 하였으며, 유전적 패배주의와 적자생존적 관점에서 영혼육의 통합적 관점과 상호협력적 관점으로 전환되게 했습니다.

생명체들이 유전 정보를 전달하는 메커니즘은 선천적 요소(유전자)뿐만 아니라 후천적 요소(후생유전학적 메커니즘)가 함께하며, 물질적 비물질적 환경에 따라 유전자의 발현이 조절될 수 있다는 것입니다.

우리에게 주어진 연극대본

후생유전학을 인간에게 좀 더 적용해봅시다. 지금까지는 한 사람의 모든 형질이 부모의 유전자에 의해서 이미 결정되었다고 보아왔습니다. 그러나 사실은 그것만이 전부가 아닙니다. 연구결과를 살

퍼보면, 부모는 그 자녀의 정신적, 신체적 특성에 많은 영향을 끼칩니다. 부모의 영향은 아이들이 태어난 후부터가 아니라 태어나기 전부터 시작됩니다.

실제로 태아는 자궁에 있을 때부터 이미 출생 전의 삶을 살며, 이때의 삶은 장기적인 건강과 행동에 깊은 영향을 미칩니다. 최근 연구에 따르면 자궁 안에서의 삶의 질은 성인이 된 후의 관상동맥질환, 뇌졸중, 당뇨병, 비만을 비롯한 여러 가지 질병에 그 사람이 얼마나 취약한가를 결정한다고 합니다.

또한 최근에는 골다공증, 기분장애, 정신병을 비롯한 성인들의 만성질병이 임신 중 및 출산 전후의 발달과정에서 어떤 영향을 받는가와 긴밀히 연결되어 있다는 여러 가지 연구결과가 나왔습니다. 자궁 내 환경(부모의 믿음, 감정 상태, 영양 공급 등)은 유전자의 발현에 직접적인 영향을 미칩니다.

좀 더 구체적으로 설명하자면, 우리는 지금까지 DNA가 RNA가 되고 RNA가 단백질이 되는 데만 관심을 가졌는데, 사실은 어떤 DNA 유전자가 언제, 얼마만큼 발현하느냐는 바로 우리 주위의 환경과 그 환경을 우리가 어떻게 받아들이느냐에 따라서 바뀔 수 있다는 것입니다.

다른 말로 이야기하자면, 유전자는 판박이를 찍어내는 주형이 아니라 연극대본과 같습니다. 똑같은 대본이라도 주연이 바뀌면 그 연극이 완전히 달라지는 것처럼 우리의 마음에 따라서 그 유전자가 발현될 수도 있고, 안 될 수도 있다는 것입니다.

예를 들어, 우리가 좋지 않은 일에 처했을 때 염려, 걱정, 근심을 하면 그 믿음 대로 그에 맞는 유전자가 발현되지만, 내 안에 어떤 질병이 찾아왔다 할지라도 두려워하지 않고 하나님의 말씀대로 기쁨으로 나아갈 때는 거기에 해당되는 다른 유전자가 발현된다는 이야기입니다.

사람의 심령은 그의 병을 능히 이기려니와 심령이 상하면 그것을 누가 일으키겠느냐 잠 18:14

사랑하는 자여 네 영혼이 잘됨같이 네가 범사에 잘되고 강건하기를 내가 간구하노라 요삼 1:2

우리가 그동안 집안 내력이라고 여겨왔던 당뇨, 고혈압, 암 등의 질병은 유전적으로 내려오는 것이지만, 그러한 질병을 일으키는 유전자가 발현되느냐 되지 않느냐는 우리의 식습관, 생활태도, 사고방식에 지대한 영향을 받는다는 것입니다. 건강과 삶의 질이 단지 유전자에 의해 좌지우지된다는 사고방식은 더 이상 진실이 아닙니다. 오늘날 과학은 비유전적 방법을 통해 형질이 한 세대에서 다음 세대로 전해질 수 있으며, 물리적, 비물리적 환경의 자극은 유전자의 활동을 얼마든지 조절할 수 있다는 것을 증명하고 있습니다.

말씀을 선택하라

이는 "믿은 대로 될지어다"(마 8:13)라고 하신 예수님의 말씀을 오늘날 과학자들이 증명하고 있는 것 아닙니까? 유전자만이 우리의 삶을 결정하지 않습니다. 우리 마음의 생각이 유전자의 발현을 조절합니다. 우리는 매순간 우리 인생을 위한 수많은 가능성을 가지고 살아가고 있습니다. 그리고 그 수많은 가능성 중에서 무엇을 선택하느냐가 우리의 인생을 결정하게 됩니다.

우리에게 있어서 그 선택이 바로 믿음입니다. 우리는 늘 눈에 보이는 대로, 귀에 들리는 대로, 마음에 생각되는 대로 선택해왔지만, 예수님은 우리에게 하나님의 말씀을 선택하라고 하셨습니다. 세상의 초등학문에 묶이지 말고, 이 땅의 삶을 사는 자와 같지 않게 살라고 말씀하신 것입니다.

> 그러므로 너희가 그리스도 예수를 주로 받았으니 그 안에서 행하되 그 안에 뿌리를 박으며 세움을 받아 교훈을 받은 대로 믿음에 굳게 서서 감사함을 넘치게 하라 누가 철학과 헛된 속임수로 너희를 사로잡을까 주의하라 이것은 사람의 전통과 세상의 초등학문을 따름이요 그리스도를 따름이 아니니라
>
> 골 2:6-8

돌이켜보면 우리가 진리를 알지 못한 탓에 마귀의 유업을 얼마나 많이 이루어왔는지 모릅니다. 마귀가 주는 염려, 걱정, 근심, 시험,

유혹, 부모로부터 받은 학대, 주위로부터 받은 비난 등을 받아들임으로써 그 믿은 대로 우리 형질에 나타낸 것들이 얼마나 많은지요? 도둑이 와서 도둑질하고 죽이고 멸망시키는 것에 순종하며 살아온 것입니다.

그러나 이천 년 전에 예수님이 이 땅에 오셨습니다. 그리고 그분은 새로운 법을 선포하셨습니다. 그분은 우리에게 새로운 생명을 주실 뿐만 아니라 우리의 삶을 더 풍성케 하겠다고 말씀하셨습니다.

우리가 세상에 속한 사람이라면 초등학문에 묶일 수밖에 없지만 이제 우리는 하나님의 자녀입니다. 그렇다면 마땅히 하나님나라에서 영이요 생명인 주의 말씀을 선택해야 합니다. 그것을 받아들여야 합니다. 마귀의 뜻을 이 땅에 이루는 삶이 아니라 주님이 주신 하나님나라의 지식으로 주님의 뜻을 이루는 삶을 살아야 합니다.

> 너희가 서로 거짓말을 하지 말라 옛 사람과 그 행위를 벗어 버리고 새 사람을 입었으니 이는 자기를 창조하신 이의 형상을 따라 지식에까지 새롭게 하심을 입은 자니라 골 3:9,10

우리는 '기도하기 전에' 과학적 지식이란 우리의 삶에 도움을 주는 정보일 뿐이기에, 그것을 진리로 받아들여서는 안 될 뿐만 아니라, 그 지식이 판단 기준이 되어서도 안 된다는 것을 알아야 합니다.

과학적 발전은 지금까지 알지 못했던 세상을 좀 더 넓고 높게 볼 수 있게 해줄 뿐, 피조세계 전체의 섭리를 알려주지는 않기 때문입니다. 따라서 과학적 지식으로 주님의 말씀을 판단하는 것은 옳지 않을 뿐만 아니라 하나님에 대한 불신만 조장할 뿐입니다. 무엇을 믿느냐 하는 것은 큰 비밀입니다. 우리는 지금 알고 있는 과학적 지식 대신에 주님의 말씀을 믿는 하나님의 자녀가 되어야 합니다.

POINT

진화론의 약육강식과 자연도태, 그리고 유전자 DNA의 발견으로 인해 생물학은 혁명적으로 발전했습니다. 하지만 그것은 물질론에 기초한 과학적 발견으로 비물질과의 연계성에 대해서는 부정되어왔습니다. 그러나 최근의 후생유전학은 우리의 마음(비물질)이 우리의 육신(물질)에 얼마든지 영향을 미칠 수 있다는 것을 밝혀냈습니다. 이런 결과는 이천 년 전 예수님이 "네 믿음이 너를 구원하였느니라"라고 하신 말씀이 얼마나 놀라운 과학적 진리인지를 우리에게 알려줍니다.

과학적 지식은 우리의 풍성한 삶을 위해 필요합니다. 하지만 그것이 모든 피조세계의 판단 기준이 될 수는 없습니다. 왜냐하면 과학은 지속적으로 발달하고 있으며, 그에 따라 결과는 항상 변하기 때문입니다. 우리의 판단 기준은 오직 영원불변하신 하나님의 말씀이어야 합니다.

PRAY

주님, 저는 지금까지 늘 진리의 말씀을 보지 못한 채
주위환경과 부모님을 탓하고 제 처지를 비관하며 패배적
인 삶을 살아왔습니다. 그러나 제 삶이 유전적 혹은 환경
적 요인에 의해 이미 결정된 것이 아니라 제 믿음을 통하
여 저의 육체, 정신, 나아가 제 인생 전체를 바꿀 수 있다
는 것을 알게 되었습니다.
이미 이천 년 전에 "네 믿은 대로 될지어다"라고 하신 예
수님의 말씀을 믿지 않았음을 회개합니다. 이제부터 늘
변하는 과학적 증거 대신 하나님의 말씀을 믿겠습니다.
그리고 제 삶과 환경을 변화시키겠습니다.

chapter 09

기도하기 전에,
심리학적 결정론에서
벗어나라

내 삶을 이끄는 것은 인생각본?

우리는 오랫동안 심리학을 통해서 배운 '인생각본'이라는 말을 많이 사용해왔습니다. "사람은 모두 마치 드라마의 각본과 같은 심리적인 인생각본을 가지고 산다"는 것인데, 사람이 태어나면서부터 쓰기 시작하는 자신의 인생각본이란 부모(양육자)에 의해 강화되고, 성장기를 거치는 동안 일련의 사건들로 정당화되며, 결국 자신이 선택한 대안으로 결말이 나는 인생계획을 말합니다.

이 이론에 따르면, 우리가 생각하고 느끼고 행동하는 근본적인 사고방식은 7세 이전에 확립되고, 그렇게 습관화된 자동 반응 프로그램으로 평생을 살아가게 된다고 합니다.

이런 지식들은 우리로 하여금 어릴 때 받은 상처와 쓴 뿌리가 지금의 내 성격을 형성시켰고 나를 이렇게 만들었으니 어쩔 수 없다는 생각을 하며 살아가게 합니다. 실제로 그리스도인이 되었음에도 불구하고 어릴 때 경험한 상처와 쓴 뿌리로 인한 고통에서 벗어나지 못하는 사람들이 많습니다. 그것은 비록 의식하지는 못하지만 우리의 현재 삶이 이미 뇌의 기억과 잠재의식에 기록된 대로 이끌려가기 때문입니다.

우리는 오랜 세월 동안 우리의 뇌와 마음에 저장된 경험은 기억을 못할 수는 있어도 사라지지 않으며, 우리는 기억을 먹고 사는 존재라고 여겨왔습니다. 그러나 오늘날의 첨단 연구결과는 한 번 만들어진 뇌신경은 바뀌거나 새롭게 형성되지 않는다는 기존의 일반화된 지식들이 잘못된 것임을 밝혀냈습니다.

기억을 재구성하는 힘

고대로부터 사람들은 '기억'을 신뢰할 만하게 지속되는 안정적인 형태의 정보라고 믿어왔습니다. 그래서 일단 기억이 형성되면 동일한 형태로 유지된다고 가정합니다. 따라서 우리는 추억을 신뢰하며, 그것을 지워지지 않는 과거의 초상화처럼 느끼곤 합니다.

그러나 지난 20년 간 과학자들은 떠올리지 않은 기억은 비활성화되어 있는 데이터 다발도 아니고, 일정한 형태로 남아 있는 것도 아니라는 사실을 밝혀냈습니다.

지난 2001년에 미국에서 일어났던 911테러 직후 심리학자들은 수백 명의 목격자들을 대상으로 끔찍했던 그날의 기억에 대한 조사를 시작했습니다. 그들은 조사를 반복하면서, 그날의 이야기가 어떻게 점진적으로 변질되어가는지를 추적했습니다.

사고로부터 1년이 지난 시점에서는 조사한 사람들의 37퍼센트에서 기억의 세부내용이 변해 있었고, 3년이 지난 2004년에는 50퍼센트에서 기억의 세부내용이 변해 있는 것을 발견했습니다. 어떤 사람은 이야기가 더욱 빈틈이 없어지고 앞뒤가 잘 맞아들어가도록 만들기도 했고, 또 어떤 사람은 쌍둥이빌딩이 무너지던 당시 자신이 어디에 있었는지에 대한 기억에서조차 변화를 보였습니다. 이야기를 반복시키면 시킬수록, 그 반복시키는 행위 자체가 내용을 바꾸어버리는 것 같았습니다. 그럼에도 불구하고 피험자들은 자신들의 기억이 변했다는 것조차 알아차리지 못했습니다.

연구자는 "다시 느끼는 감정의 강도가 그것이 명백하게 사실이 아닌 상황에서도 그 모든 것이 사실이라고 확신하도록 만들어버린다"라고 말했습니다.

즉, 기억을 해내는 행위 자체가 기억을 변화시킨다는 것입니다. 최근의 연구들은 우리가 어떤 사건을 회상할 때마다 뇌 안에 저장된 기억의 구조가 변하며, 그 변화는 현재의 느낌과 지식에 의해 왜곡되는 현재 시점에서 일어난다는 것을 밝혀냈습니다.

최근에 심리학자들은 "심리치료란 부정적인 기억의 영향이 줄어들도록 도와주는 것이며, 이것은 재통합(reconsolidation) 때문에 가능한 것이다"라고 말하며, "심리치료란 내담자들이 숙련된 전문가의 안내를 받으며, 안전한 공간에서 그들이 자신의 기억을 다시 쓰도록 해주는 것이다"라고 정의하기도 합니다.

기억을 조절할 수 있다는 사실은 우리가 우리 삶의 거의 모든 측면의 모양을 새롭게 만들어갈 수 있다는 것을 의미합니다. 우리에게 과거에 대한 기억과 그에 따른 느낌을 변화시킬 수 있는 능력이 있다는 것이 점차 명백해져가고 있습니다.

뇌신경의 변화와 재생

1970년대까지만 해도 뇌는 출생 후 매우 고정된 구조와 기능을 가지고 있다는 시각이 압도적이었습니다. 또한 한 번 손상된 뇌신경은 다시 재생되지 않는다는 것이 과학계의 정설이었습니다. 그러나 그 이론은 더 이상 옳지 않은 것으로 밝혀졌습니다.

지금은 나이와 상관없이 우리의 경험뿐 아니라 지속되는 생각을 통해서도 뇌가 변화된다는 것을 알게 되었습니다. 이를 '신경가소성'(neuroplasticity)이라고 하는데, 새 신경세포의 발달과 시냅스 생성을 통해 이루어집니다.

즉, 우리가 어떤 행동이나 생각을 할 때 그에 해당하는 뇌 부위의 신경연결(neural connections)이 증가한다는 것입니다. 이는 마치 근육이 형성되는 것과 같습니다. 근육을 많이 쓸수록 더 발달하고 쓰지 않으면 위축되어 작아지는 것처럼, 뇌도 그렇게 반응합니다.

한편, 한 번 손상된 뇌는 다시 회복될 수 없다는 믿음을 깨고 신체적, 정신적, 사회적 자극을 받으면서 활동적인 삶을 살면 손상된 뇌를 재생시킬 수 있는 것으로 밝혀졌습니다. 이것을 신경생성(neurogenesis)이라고 부릅니다.

기억, 뇌, 그리고 잠재의식

뇌의 기억과 연동되어 작동하는 마음(의식)은 현재의식과 잠재의식으로 나눌 수 있는데, 이 둘은 상호연관되어 있습니다.

잠재의식은 본능과 학습된 경험에서 도출된 수많은 자극-반응 프로그램이 담긴 테이프가 보관된 저장소와 같으며, 외부적으로 어떤 인상, 현상, 이미지 등에 의해 자극을 받게 되면 이 테이프가 자동적으로 작동됩니다. 이 작동은 철저하게 무의식적인 습관에 의해서 이루어집니다.

잠재의식은 현재의식보다 훨씬 더 크고 강력하게 우리 삶에 영향을 미치는데, 일상생활의 90퍼센트 이상이 잠재의식적 차원에서 지시를 받고 있는 것으로 추정됩니다. 매일매일 인간이 살아 있도록 하는 기능들을 자동적으로 작동시키는 것 역시 잠재의식의 역할입니다 (아무런 의식적 노력 없이 행해지는 사소한 일들을 생각해보십시오).

잠재의식은 현재의식과 달리 판단 능력이 없는 데이터베이스로, 그 기능은 환경에서 들어오는 신호를 읽고 탑재된 행동 프로그램 중 이에 부합하는 것을 가동하는 데 한정되어 있습니다. 그 과정에서 잠재의식은 어떤 의문도 제기하지 않으며, 어떤 선악도 판단하지 않습니다. 잠재의식의 작동 속도는 현재의식에 비해 50만 배나 빠르고, 인간의 생각이나, 감정, 소망 등과 상관없이 본능적으로 작동합니다.

한편, 현재의식이 과거에 학습되어 잠재의식에 저장된 사실과 상충되는 생각을 할 경우 인식적 충돌이 일어나며, 이렇게 되면 근육이 약화되는 것과 같은 무력감을 느끼기도 합니다.

예를 들어, 과거에 경험하지 못했던 어떤 불가능한 일을 간절히 이루고자 할 때 우리는 자연스럽게 의지력을 발동시켜 '꼭 성취하자'고 자신을 세뇌시킵니다. 그런데 잠재의식에 그러한 일을 성취시키는 것에 대한 프로그램이 없고 그러한 일은 불가능하다는 프로그램만 있을 경우, 현재의식의 명령은 수행될 수 없으며, 그 결과로 여러 가지 정신적 부작용이 나타나게 되는 것입니다.

일반적으로 7세까지의 의식은 여과장치나 판단장치 없이 경험한 모든 것을 단지 정보로서 뇌에 저장합니다. 따라서 자신의 경험을 습득할 뿐만 아니라 다른 사람의 경험들을 단순히 다운로드 받게 되며, 그 결과 다른 사람들의 믿음이 세상과 나 자신에 관한 의식과 믿음의 토대가 되기도 합니다. 실제로 우리가 경험하지 않았음에도 불구하고 자연스럽게 무의식적으로 작동하는 공통된 믿음들도 이 잠재의식 안에 있는 것입니다.

앞에서 언급한 과학적 발견들을 종합해보면, 과거 우리의 직간접적인 경험은 뇌에 기억되고, 또한 잠재의식에 들어가 습관화가 이루어진 자동반응 프로그램을 형성하고, 그것이 내 인생을 이끌어간다는 것입니다. 그렇기 때문에 "세 살 버릇 여든까지 간다"는 옛말이 생겨난 것입니다.

즉, 인간은 자신의 원가족 안에서 부모의 유전자를 통한 유전적 기질과 부모의 양육, 그리고 환경의 영향을 받아 경험한 모든 것을 잠재의식에 담고 동시에 뇌에 기억으로 기록함으로써, 그 형성된 기초 위에서 자신의 삶을 살아간다고 여겨왔습니다. 그리고 그렇게 기억된 것은 변화되지 않고 변화시킬 수도 없다고 믿어왔습니다.

믿음과 잠재의식

그러나 최근의 연구결과에 따르면 우리의 뇌와 잠재의식은 현재(또는 경험)와 상상을 구분하지 않는 것으로 밝혀졌습니다. 이 같은 연구결과는 우리의 인생이 과거에 의해서 결정되는 것이 아니라, 얼마든지 변화할 수 있다는 것을 의미합니다.

다른 말로 우리가 과거에 경험하지 못했을지라도 그것을 정말로 믿고 상상하면 뇌와 잠재의식은 그것을 경험한 것으로 판단하여 새롭게 변해간다는 것입니다. 이 과학적 발견이 얼마나 놀라운 업적인지 모릅니다.

생각해보십시오. 우리가 하나님의 말씀을 믿을 때, 단지 의지적으로 믿고자 애쓰는 것이 아니라 성령 안에서 말씀에 따라 상상하고 느낄 때 우리 뇌의 신경망과 잠재의식이 바뀜으로 우리는 자연스럽게 과거와는 다른 새로운 반응을 할 수 있고, 그 결과 우리 삶은 얼마든지 변화될 수 있습니다.

그러므로 내가 너희에게 말하노니 무엇이든지 기도하고 구하는 것은 받은 줄로 믿으라 그리하면 너희에게 그대로 되리라 막 11:24

믿음은 바라는 것들의 실상이요 보이지 않는 것들의 증거니 히 11:1

지금까지 우리는 하나님의 말씀 대신에 우리의 오감을 통해서 경험한 것에 기초하여 생각하고, 느끼고, 행동하는 삶을 살아왔습니다. 그것은 세상적인 삶입니다.

이 세상을 지배하는 세상 신은 환경을 통해 우리 마음을 통치해왔습니다. 우리의 마음이 세상에 묶여 마귀의 종노릇하며 살아왔던 것입니다. 그렇게 경험한 것들이 한 번 뇌와 잠재의식에 기록되면 영원히 그것에 영향 받으며 살아야 한다고 생각했지만, 놀랍게도 뇌와 잠재의식에 기록된 것이 얼마든지 바뀔 수 있다는 것이 과학의 연구 결과로 밝혀진 것입니다.

더 놀라운 것은 예수님이 이미 이천 년 전에 이런 결과를 우리에게 알려주셨다는 것입니다. 이것은 복음의 핵심 중 하나이기도 합니다. 더 이상 오감을 통한 인식으로 세상에 묶이지 말고 성령 안에서 천지를 창조하신 하나님의 말씀을 믿을 때, 그 믿음을 통해 자신의 내면과 더불어 환경을 변화시킬 수 있다는 것입니다.

우리가 주목하는 것은 보이는 것이 아니요 보이지 않는 것이니 보이는 것은 잠깐이요 보이지 않는 것은 영원함이라 고후 4:18

기록된 바 하나님이 자기를 사랑하는 자들을 위하여 예비하신 모든 것은 눈으로 보지 못하고 귀로 듣지 못하고 사람의 마음으로 생각하지도 못하였다 함과 같으니라 오직 하나님이 성령으로 이것을 우리에게 보이셨으니 성령은 모든 것 곧 하나님의 깊은 것까지도 통달하시느니라 고전 2:9,10

성령 안에서 말씀을 붙드는 믿음

그러나 우리가 그리스도인이라 할지라도 말씀이 생명의 씨앗이고, 영이고, 생명인 것을 모른 채 세상적인 방식과 동일하게 믿음 생활을 한다면 삶의 변화는 없을 것입니다.

예를 들어, 우리의 마음을 새롭게 하시는(곧 잠재의식을 변화시키는) 성령님을 의지하지 않은 채 현재의식만으로 기록된 말씀을 믿고 그 말씀대로 자신을 변화시키고자 애쓴다면 잠재의식 내에서 이미 과거의 경험으로 프로그램된 것들은 그 말씀대로 작동하지 않게 됩니다. 그것이 바로 오늘날 수많은 사람들이 말씀을 읽고 배움에도 불구하고 삶을 변화시키지 못하는 이유이기도 합니다.

믿음이란, 아직 오지 않고 보이지 않는 실체의 근본인 말씀을 자신의 의지로 붙드는 것이 아니라 성령 안에서 그 말씀대로 이루어진 것을 상상하는 것입니다. 우리가 상상할 때 뇌의 기억과 잠재의식은 그것을 실제로 자신이 경험한 것과 구분하지 않습니다. 즉, 기억에 저장된 내용과 잠재의식에 프로그램된 것들을 변화시킨다는 것입니다.

믿음은 바라는 것들의 실상이요 보이지 않는 것들의 증거니 히 11:1

우리는 오랫동안 자기 마음의 능력으로 자신의 과거 경험에 기초하여 상상하는 일들을 해왔습니다. 마음에서 나오는 것들은 대부분 악하고, 더럽고, 추한 것들입니다(마 15:18,19 참조). 그 결과로 우리의 기억과 잠재의식은 살아가면 갈수록 그런 것들을 더 많이, 더 견고하게 저장해왔습니다.

그러나 이제 우리가 예수 그리스도 안에서 새로운 피조물이 되었다면 오감에 기초한 것이 아니라 하나님의 영에 기초해서 마음을 새롭게 해야 합니다.

> 너희는 유혹의 욕심을 따라 썩어져가는 구습을 따르는 옛 사람을 벗어버리고 오직 너희의 심령이 새롭게 되어(Instead, let the Spirit renew your thoughts and attitude. NLT) 엡 4:22,23

주님의 말씀에 기초하여 상상한 것이 이미 이루어진 것을 온전히 믿을 때(기도하고 구하는 것은 받은 줄로 믿으라, 막 11:24), 우리 과거의 잘못된 기억이 변화되고 잠재의식에 프로그램된 것이 변화되어 우리가 그 말씀을 의식적으로 믿는 것이 아니라 자연스럽게 믿어지게 되고(마음에 의심하지 아니하면, 막 11:23 ; 마음으로 믿어 의에 이르고, 롬 10:10), 그 결과 믿은 대로 이루어지는(무엇으로 심든지 그대로 거두리라, 갈 6:7) 하나님의 창조 사역에 동참할 수 있게 된다는 것입니다.

과학이 발달할수록 하나님의 말씀이 진리인 것이 밝혀지고 있습니다. 얼마나 놀랍고 아름다운 일입니까?

우리는 더 이상 지금까지 우리가 배워온 과학적 지식이 진리인 것처럼 여기고 그에 기초하여 생각하고 느끼고 행동하지 말아야 합니다. 모든 과학적 지식은 항상 변하게 마련이지만, 오직 주의 말씀만이 영원불변합니다.

믿음으로 모든 세계가 하나님의 말씀으로 지어진 줄을 우리가 아나니 보이는 것은 나타난 것으로 말미암아 된 것이 아니니라 히 11:3

우리의 싸우는 무기는 육신에 속한 것이 아니요 오직 어떤 견고한 진도 무너뜨리는 하나님의 능력이라 모든 이론을 무너뜨리며 하나님 아는 것을 대적하여 높아진 것을 다 무너뜨리고 모든 생각을 사로잡아 그리스도에게 복종하게 하니 고후 10:4,5

과거에 묶이지 말라

이 같은 사실을 받아들인다면 우리는 더 이상 과거의 상처와 쓴 뿌리를 묵상하거나 그것들에 묶여 고통하지 말아야 합니다. 많은 사람들이 자신의 처지와 환경을 탓하며 그것에 묶여 삽니다. 자신이 처한 어떤 처지와 환경 때문에 이렇게 살 수밖에 없다고 생각하는 것입니다.

그러나 진실은 처지와 환경 때문에 그렇게 된 것이 아니라 그러한 처지와 환경을 믿었기 때문에 그 믿은 대로 현실을 만들어냈고, 그 만들어낸 현실을 경험하며 살고 있는 것입니다. 안타깝게도 너무나 많은 사람들이 이것이 마귀의 교묘한 책략인 것을 알지 못하고 있습니다.

하나님께서 천지만물을 창조하시고 우리에게 주신 믿음의 법칙은 단지 그리스도인들에게만 적용되는 것이 아니라, 하나님께서 창조하신 모든 인간에게 주어진 귀한 법입니다. 다만 무엇을 믿는가와 믿음의 주체가 누구인지에 따라 다른 열매를 맺을 뿐입니다.

우리가 하나님의 자녀라면 세상의 것 대신에 주님의 말씀을, 나 자신(현재의식)이 아니라 그리스도 안에 있는 새로운 자아가 성령 안에서 말씀에 따라 상상함으로써 하나님 없이 만든 기억과 잠재의식 프로그램을 하나님나라에서 경험한 기억과 프로그램으로 변화시켜야 합니다.

한탄과 변화, 무엇을 선택할 것인가?

결론적으로, 하나님의 방식대로 마음의 태도를 바꾸면 그 자신이 변화되고, 주위 환경이 변화되며, 새롭게 변화된 환경을 경험하며 살 수 있습니다. 이것이 바로 예수님이 가르쳐주신 믿음의 법칙과 도래한 하나님나라의 삶입니다.

이제 상황과 환경을 보고 자신의 처지를 한탄할 것인지 아니면 생명의 말씀을 믿음으로 뇌와 잠재의식을 변화시켜 자신의 환경을 바꿀 것인지 결정하십시오. 하나님은 이미 은혜를 베푸셨고, 선택은 우리의 몫입니다.

우리는 '기도하기 전에' 지금 내가 가지고 있는 상처와 쓴 뿌리, 그리고 부정적인 상상들에 기초하여 "나는" 또는 "내가"라고 말하는 것을 멈춰야 합니다.

우리는 그런 경험과 기억을 가지고 있음에도 불구하고 하나님의 자녀이며, 하나님이 주신 은혜로 새로운 경험과 기억을 뇌와 마음에 저장할 수 있다는 것을 알아야 합니다.

오감을 통하여 들어온 것을 받아들이는 시스템으로 인해 과거 마귀의 종노릇하며 쌓아왔던 잘못된 기억과 잠재의식 내 프로그램된 것들을, 성령 안에서 주님의 말씀대로 이루어진 것을 상상함으로써 새롭게 해야 합니다.

그러므로 내가 너희에게 말하노니 무엇이든지 기도하고 구하는 것은 받은 줄로 믿으라 그리하면 너희에게 그대로 되리라 막 11:24

우리의 뇌와 잠재의식은 현실(경험)과 상상을 구분하지 못한다는 것이 최근 과학이 밝혀낸 사실입니다. 따라서 우리가 의지적으로 무엇인가를 믿고자 노력하는 것이 아니라 성령 안에서 주님의 말씀에 따라 상상할 때, 그 상상은 뇌에 기록된 기억과 잠재의식 내 프로그램을 변화시킬 수 있게 됩니다.

이제 하나님의 자녀인 우리는, 과거 경험의 기억에 기초하여 이 세상을 바라보며 이 세상의 지배를 받는 존재가 아니라, 현존하시는 하나님의 생명줄에 연결되어 그분의 생명과 말씀으로 이 세상을 바라보는 존재입니다. 또한 이 세상에 영향을 받는 존재가 아니라 주님의 말씀을 믿음으로 이 세상을 변화시키는 존재입니다.

PRAY

주님, 저는 지금까지 제 마음의 생각이 저 자신이라고 생각해왔으며, 그 생각과 감정에 묶여 저 자신과 주위에 악한 영향력을 끼치며 살아왔습니다. 그리고 제 인생에는 왜 선하고 좋은 일이 일어나지 않을까 괴로워하며 살았습니다.

그러나 이제 저는 예수 그리스도 안에서 새로운 피조물로서 제 마음의 생각이나 느낌대로 살지 않겠습니다. 특별히 과거의 상처와 쓴 뿌리와 같은 부정적 경험이 저를 지배하지 않도록 하겠습니다. 제가 성령 안에서 주님의 말씀을 상상할 때 제 과거의 기억이 변화되고 잠재의식이 변화될 것을 믿습니다. 할렐루야!

chapter **10**

기도하기 전에,
기적이 끝났다는 믿음에서
벗어나라

기적은 오늘날에도 일어나는가?

이 질문은 이상한 질문일 수밖에 없습니다. 왜냐하면 우리는 지금
도 놀라운 기적을 보고 있기 때문입니다.

그럼에도 불구하고 표적과 기사, 특히 질병의 치유나 예언과 지식
의 말씀의 은사에 대해서는 그리스도인들 안에서도 생각하는 관점
이 서로 다릅니다. 주님의 말씀을 믿는다면 오늘날에도 그 말씀에
따라 기적이 일어날 것을 기대해야 하며, 주님의 뜻을 이루어나가야
합니다.

하나님이 약속하셨기 때문에 우리가 기도하면 모든 질병이 반드

시 낫거나 부자가 된다는 식의 번영복음을 주장하려는 것이 아닙니다. 또한 초대교회의 사도들과 같은 사도 직분을 가지고 초자연적인 능력을 나타낼 수 있다는 것도 아닙니다.

다만, 분명한 사실은 하나님의 자녀로서 하나님나라와 의를 구하는 자라면 예수님이 이루신 약속의 말씀을 믿음으로 이 땅에서 그 말씀의 실체를 이루어가야 한다는 것입니다. 하나님나라의 관점에서 보면 그것이 우리에게 주어진 유업이며, 예수님은 지금도 우리와 함께하시기 때문입니다.

> 믿는 자들에게는 이런 표적이 따르리니 … 제자들이 나가 두루 전파할새 주께서 함께 역사하사 그 따르는 표적으로 말씀을 확실히 증언하시니라
> 막 16:17-20

> 나라가 임하시오며 뜻이 하늘에서 이루어진 것같이 땅에서도 이루어지이다
> 마 6:10

> 내가 너희에게 분부한 모든 것을 가르쳐 지키게 하라 볼지어다 내가 세상 끝날까지 너희와 항상 함께 있으리라 하시니라 마 28:20

그런데 한편으로 초대교회에서 일어났던 기사와 표적은 이제 더 이상 일어나지 않는다는 '기적종식론'(cessationism, 혹은 은사중지론

이라고도 함)이 주장되기도 합니다. 그들은 오늘날에도 우리가 간절히 기도할 때 하나님의 특별한 주권적인 섭리로 기적이 일어날 수는 있지만(예를 들어 초자연적으로 질병이 치유되는 것), 빈번하게 일어날 수는 없다고 주장합니다.

또한 성경에 나타난 그런 기적들은 더 이상 교회에서 일어나지 않는다고 주장합니다. 그런 기적을 일으키는 능력은 사도들에게만 주어졌고, 따라서 그런 기적은 사도 시대에만 국한되었다는 것입니다. 결국, 기적이 불가능한 것은 아니지만 사도가 없는 오늘날에는 사도적 기적이 일어날 수 없으며, 기적적인 치유 역시 교회 안에서 더 이상 일어나지 않는다는 것입니다.

한 마디로, 하나님께서는 그런 기사와 표적을 계시 전달자들의 권위를 인정하는 수단으로 사용하셨고, 그들을 통하여 교회를 세웠으며, 사도들이 죽은 후에는 계시가 종결되었을 뿐 아니라 성경이 완성되었기 때문에 더 이상 그런 기사와 표적과 계시가 일어날 수 없고 일어날 필요도 없다는 관점입니다.

우리는 '기도하기 전에' 이 문제에 대해 명확한 답을 얻어야 하며, 일말의 의문이라도 있다면 해결해야 합니다. 그렇지 않으면 기도를 통해 하나님의 권세와 능력을 경험하지 못할 것입니다. 우선 예수님과 제자들이 행하신 사역과 그에 따른 성경의 말씀을 살펴보도록 합시다.

예수님이 행하신 기사와 표적

예수님은 이 땅에 오셔서 세 가지 사역을 행하셨습니다. 회당에서 율법과 선지자의 말씀을 가르치셨으며, 하나님나라가 도래했다는 것을 선포하셨고, 그 나라가 어떤 것인지에 대해서 실제로 보여주셨습니다.

예수께서 모든 도시와 마을에 두루 다니사 그들의 회당에서 가르치시며 천국 복음을 전파하시며 모든 병과 모든 약한 것을 고치시니라 마 9:35

예수님이 행하신 기적은 단순히 예수님이 누구이신지를 알려주는 것뿐만 아니라 하나님나라의 현존을 나타내는 것이었습니다. 생각해보십시오. 하나님의 통치가 마침내 이 땅에 임함으로 사탄의 권세가 무너지고, 그 결과 병이 치유되고, 귀신이 쫓겨나며, 저주가 사라지는 것은 당연한 일 아니겠습니까? 예수님이 이런 기사와 표적을 행하신 것은 우선적으로는 예수님이 바로 하나님의 아들이시며 그리스도이신 것을 믿게 하기 위함이었습니다.

예수께서 제자들 앞에서 이 책에 기록되지 아니한 다른 표적도 많이 행하셨으나 오직 이것을 기록함은 너희로 예수께서 하나님의 아들 그리스도이심을 믿게 하려 함이요 또 너희로 믿고 그 이름을 힘입어 생명을 얻게 하려 함이니라 요 20:30,31

그리고 옥에 갇힌 세례 요한이 제자들을 통해서 예수님이 오시기로 한 그분이신지에 대해서 물었을 때, 예수님은 이렇게 말씀하셨습니다.

예수께 여짜오되 오실 그이가 당신이오니이까 우리가 다른 이를 기다리오리이까 예수께서 대답하여 이르시되 너희가 가서 듣고 보는 것을 요한에게 알리되 맹인이 보며 못 걷는 사람이 걸으며 나병환자가 깨끗함을 받으며 못 듣는 자가 들으며 죽은 자가 살아나며 가난한 자에게 복음이 전파된다 하라 마 11:3-5

구약에서 하나님나라가 임할 때 일어나리라고 예언되었던 그 일이 예수님 자신을 통해서 성취되고 있다고 말씀하신 것입니다.

그때에 맹인의 눈이 밝을 것이며 못 듣는 사람의 귀가 열릴 것이며 그때에 저는 자는 사슴같이 뛸 것이며 말 못하는 자의 혀는 노래하리니 이는 광야에서 물이 솟겠고 사막에서 시내가 흐를 것임이라 사 35:5,6

또한 예수님은 하나님나라의 도래와 성령의 권능은 직접적인 연관이 있다고 말씀하셨습니다.

그러나 내가 하나님의 성령을 힘입어 귀신을 쫓아내는 것이면 하나님의 나라

가 이미 너희에게 임하였느니라 ^마 12:28

또 그들에게 이르시되 내가 진실로 너희에게 이르노니 여기 서 있는 사람 중
에는 죽기 전에 하나님의 나라가 권능으로 임하는 것을 볼 자들도 있느니라
하시니라 ^막 9:1

제자들에게 위임하시다

그리고 예수님은 열두 제자와 그분을 따르는 칠십 인들에게도 자
신과 동일한 일을 행하라고 말씀하셨습니다.

가면서 전파하여 말하되 천국이 가까이 왔다 하고 병든 자를 고치며 죽은 자
를 살리며 나병환자를 깨끗하게 하며 귀신을 쫓아내되 너희가 거저 받았으니
거저 주라 ^마 10:7,8

그 후에 주께서 따로 칠십 인을 세우사 친히 가시려는 각 동네와 각 지역으
로 둘씩 앞서 보내시며 … 거기 있는 병자들을 고치고 또 말하기를 하나님의
나라가 너희에게 가까이 왔다 하라 ^눅 10:1,9

예수님은 공생애 동안에 자신의 사역을 제자들에게 위임하셨으며,
동시에 그들에게 하나님나라의 도래를 알리라고 하셨습니다. 그리

고 마침내 하나님나라의 복음이 모든 인류에게 이루어지도록 예수
님은 십자가에서 죽으시고 부활하셨습니다.

예수님이 십자가에서 돌아가신 후 제자들은 디베랴 바닷가로 돌
아가 고기를 잡았습니다. 부활하신 예수님은 그런 그들에게 나타나
셔서 다시 하나님나라의 일을 가르치셨습니다.

그가 고난 받으신 후에 또한 그들에게 확실한 많은 증거로 친히 살아 계심을
나타내사 사십 일 동안 그들에게 보이시며 하나님나라의 일을 말씀하시니라
행 1:3

그리고 승천하신 후에 보혜사 성령을 보내실 것이며, 성령강림을
경험할 때 권능을 가지고 하나님나라의 복음을 전하게 될 것이라고
제자들에게 말씀하셨습니다.

너희는 이 모든 일의 증인이라 볼지어다 내가 내 아버지께서 약속하신 것을
너희에게 보내리니 너희는 위로부터 능력으로 입혀질 때까지 이 성에 머물라
하시니라 눅 24:48,49

요한은 물로 세례를 베풀었으나 너희는 몇 날이 못 되어 성령으로 세례를 받
으리라 하셨느니라 행 1:5

오직 성령이 너희에게 임하시면 너희가 권능을 받고 예루살렘과 온 유대와 사마리아와 땅 끝까지 이르러 내 증인이 되리라 하시니라 행 1:8

예수님은 이런 기사와 표적을 행하는 사람들이 특별한 사람이라고 말씀하지 않으셨습니다. 믿는 자, 주의 가르침에 순종하는 자라면 누구든지 그런 일을 행할 수 있다고 말씀하셨습니다.

내가 진실로 진실로 너희에게 이르노니 나를 믿는 자는 내가 하는 일을 그도 할 것이요 또한 그보다 큰 일도 하리니 이는 내가 아버지께로 감이라 요 14:12

내가 진실로 너희에게 이르노니 누구든지 이 산더러 들리어 바다에 던져지라 하며 그 말하는 것이 이루어질 줄 믿고 마음에 의심하지 아니하면 그대로 되리라 막 11:23

마가복음 마지막 부분에서 예수님은 제자들에게 이렇게 가르치셨습니다.

또 이르시되 '너희는' 온 천하에 다니며 만민에게 복음을 전파하라 믿고 세례를 받는 사람은 구원을 얻을 것이요 믿지 않는 사람은 정죄를 받으리라 '믿는 자들'에게는 이런 표적이 따르리니 곧 그들이 내 이름으로 귀신을 쫓아내며 새 방언을 말하며 뱀을 집어 올리며 무슨 독을 마실지라도 해를 받지 아니하며 병든 사람에게 손을 얹은즉 나으리라 하시더라 막 16:15-18

예수님이 만민에게 복음을 전파하라고 명하신 '너희는' 누구입니까? 사도들을 지칭합니다. 그렇다면 17절의 '믿는 자들'은 제자들이 아니라 제자들이 전한 복음을 믿는 자들이 됩니다. 이 말씀을 보면 제자들이 아니라 '믿는 자들'이 예수 그리스도의 이름으로 귀신을 쫓아내며, 새 방언을 말하며, 병든 자에게 손을 얹어 낫게 한다고 하는 것입니다.

이런 기적들은 하나님이 친히 통치하신다는 복음의 약속입니다. 그리고 마태복음 28장 20절을 생각한다면, 하나님나라가 시작된 후부터 그리스도의 재림까지 이 약속이 계속 이루어져야 함을 알 수 있습니다.

내가 너희에게 분부한 모든 것을 가르쳐 지키게 하라 볼지어다 내가 세상 끝날까지 너희와 항상 함께 있으리라 하시니라 마 28:20

오순절 이후 사도들의 사역

예수님이 승천하신 후 오순절 날, 약속하신 보혜사 성령님이 임하셨습니다. 이때 마가의 다락방에서는 제자들을 포함하여 120여 명의 문도들이 성령강림을 경험했습니다.

오순절 날 이후, 먼저 사도들을 통하여 권세의 위임이 나타났습니다. 예수님이 부활하시고 승천하신 후에 사도들에게 있어서 기사와 표적은 복음전도, 즉 하나님나라의 도래를 알리는 필수적인 요소가 되었습니다.

사도들의 손을 통하여 민간에 표적과 기사가 많이 일어나매 믿는 사람이 다 마음을 같이하여 솔로몬 행각에 모이고 행 5:12

사도의 표가 된 것은 내가 너희 가운데서 모든 참음과 표적과 기사와 능력을 행한 것이라 고후 12:12

특별히 고린도후서 12장 12절 말씀은 사도만이 기적을 행할 수 있다는 뜻이 아니라 사도로서 기사와 표적을 행했다는 의미입니다. 이는 사도인 그들과 사도가 아닌 그리스도인들을 구별하는 방법이 아니라 거짓 사도와 사도 바울을 구별하는 척도로서 기적을 언급하고 있는 것입니다.

이에 대해 기적종식론을 주장하는 사람들은 성령강림은 일회적이며, 기사와 표적을 일으키는 능력사역을 사도 직분에 한정하고, 그 기사와 표적과 계시성은 사도들에게만 국한되었다고 생각합니다. 따라서 오늘날에도 능력사역을 행하게 되면 그 당시 사도들에게 주어졌던 직분과 역할이 계속된다는 것이기에 성령사역 자체를 부정하거나 비판합니다. 그래서 성령사역을 행하는 자들은 사도 직분의 회복을 주장하는 신사도개혁운동의 영향을 받은 것이라고 비판하기도 합니다.

사도의 역할, 하나님나라 도래의 선포

그러나 우리가 관심을 가져야 할 부분은 사도 직분의 회복 유무가 아니라 사도의 역할이 무엇인가를 좀 더 신중히 생각해보아야 한다는 것입니다.

사도들이 한 일은 바로 예수 그리스도가 전한 복음인 하나님나라가 이 땅에 도래했다는 사실을 알리고, 그 복음의 실체를 보여주는 것이었습니다. 즉, 기사와 표적이 하나님나라의 현존을 나타내는 징표라는 것입니다.

하나님나라의 도래 이전에 예수님과 함께 지내며 그분의 말씀을 가장 잘 배우고 체험했던 사람들이 누구입니까? 바로 사도들입니다. 따라서 성령강림 이후 하나님나라의 도래를 증거하는 징표로서 기적을 일으킬 수 있는 가능성이 가장 큰 사람들도 사도들일 수밖에 없습니다.

그리고 그 사도들과 함께했던 집사들도 기적을 일으킬 개연성이 높은 사람들이었습니다. 실제로 성경을 보면 집사들이 기적을 일으키는 장면이 기록되어 있습니다.

사도들과 집사들이 행한 것이 바로 하나님나라의 복음을 알리고, 기사와 표적을 통해 그 말씀을 확증하며, 백성들로 하여금 하나님나라의 삶을 살도록 하는 것이었습니다. 또한 교회를 세우고, 그 교회를 통해 하나님나라의 삶이 세상에 이루어지도록 한 것입니다.

결과적으로 생각해볼 때, 예수님은 제자들에게 기사와 표적을 일으킬 권위를 주심으로 사도적 권위를 세우는 역할을 하도록 하신 것뿐만 아니라 하나님나라의 복음을 전하게 하셨으며, 그 일이 교회를 통해 이루어지도록 하셨습니다.

우리는 지금까지 하나님나라의 도래와 실현에 대해 구체적이고 실제적인 교리를 갖지 못했기 때문에 기사와 표적을 사도성에만 지나치게 결부시켜왔습니다. 그러나 하나님나라의 관점에서 생각해보면, 기사와 표적은 하나님나라 도래의 표지이며, 그 일을 위해 먼저 사도와 그 제자들을 들어 쓰셨다고 볼 수 있습니다.

예수님은 승천하신 후에 하나님 우편에 계시며 제자들을 통해 하나님의 통치가 이 땅에 이루어지도록 하셨습니다.

주 예수께서 말씀을 마치신 후에 하늘로 올려지사 하나님 우편에 앉으시니라 제자들이 나가 두루 전파할새 주께서 함께 역사하사 그 따르는 표적으로 말씀을 확실히 증언하시니라 막 16:19,20

사도의 관점이 아니라 하나님나라의 관점에서 볼 때, 왜 기적이 일어나지 말아야 합니까? 제자들뿐만 아니라 하나님의 자녀들에게는 왜 그런 일이 일어나지 말아야 합니까? "그 따르는 표적으로 말씀을 확실히 증언하시니라"라는 말씀의 핵심은 무엇입니까? '하나님의 통치'라는 '좋은 소식' 아닙니까?

이 천국(하나님나라) 복음이 모든 민족에게 증언되기 위하여 온 세상에 전파되리니 그제야 끝이 오리라 마 24:14

기적은 사도들만 행했는가?

기적은 이제 중단되었다고 주장하는 사람들은 기적이 오직 사도들에 의해서만 이루어진 것처럼 말하지만, 성경은 그렇게 말하지 않습니다. 몇 가지 예를 들어봅시다.

스데반이 은혜와 권능이 충만하여 큰 기사와 표적을 민간에 행하니 행 6:8

무리가 빌립의 말도 듣고 행하는 표적도 보고 한마음으로 그가 하는 말을 따르더라 많은 사람에게 붙었던 더러운 귀신들이 크게 소리를 지르며 나가고 또 많은 중풍병자와 못 걷는 사람이 나으니 행 8:6,7

바울은 또 어떻게 성령충만함을 받았습니까? 그는 평신도인 아나니아에게 안수를 받고 성령충만을 받았습니다.

아나니아가 떠나 그 집에 들어가서 그에게 안수하여 이르되 형제 사울아 주 곧 네가 오는 길에서 나타나셨던 예수께서 나를 보내어 너로 다시 보게 하시고 성령으로 충만하게 하신다 하니 즉시 사울의 눈에서 비늘 같은 것이 벗어져 다시 보게 된지라 일어나 세례를 받고 행 9:17,18

핍박으로 인하여 흩어진 자들 중 구브로와 구레네 몇 사람을 통해서도 하나님의 능력이 나타났습니다.

그때에 스데반의 일로 일어난 환난으로 말미암아 흩어진 자들이 베니게와 구브로와 안디옥까지 이르러 유대인에게만 말씀을 전하는데 그중에 구브로와 구레네 몇 사람이 안디옥에 이르러 헬라인에게도 말하여 주 예수를 전파하니 주의 손이 그들과 함께 하시매 수많은 사람들이 믿고 주께 돌아오더라 행 11:19-21

그리고 교회 안에서는 사도와 선지자 외에도 능력을 행하는 자와 병 고치는 은사와 다른 다양한 은사를 가진 자를 세워서 주의 일을 행하게 했습니다.

하나님이 교회 중에 몇을 세우셨으니 첫째는 사도요 둘째는 선지자요 셋째는 교사요 그 다음은 능력을 행하는 자요 그 다음은 병 고치는 은사와 서로 돕는 것과 다스리는 것과 각종 방언을 말하는 것이라 고전 12:28

사도들의 가르침과 성경의 증언

사도들은 구약의 예언에 따라 성도들에게 성령을 체험할 것을 강력히 주장했습니다. 그리고 성령강림에 대한 약속은 당시 모였던 사람들뿐만 아니라 후대의 온 세상 모든 사람에게 이루어질 것이라고 말했습니다.

그 후에 내가 내 영을 만민에게 부어주리니 너희 자녀들이 장래 일을 말할 것이며 너희 늙은이는 꿈을 꾸며 너희 젊은이는 이상을 볼 것이며 그때에 내가 또 내 영을 남종과 여종에게 부어줄 것이며 욜 2:28,29

하나님이 말씀하시기를 말세에 내가 내 영을 모든 육체에 부어주리니 너희의 자녀들은 예언할 것이요 너희의 젊은이들은 환상을 보고 너희의 늙은이들은 꿈을 꾸리라 그때에 내가 내 영을 내 남종과 여종들에게 부어주리니 그들이 예언할 것이요 행 2:17,18

베드로가 이르되 너희가 회개하여 각각 예수 그리스도의 이름으로 세례를 받고 죄 사함을 받으라 그리하면 성령의 선물을 받으리니 이 약속은 너희와 너희 자녀와 모든 먼 데 사람 곧 주 우리 하나님이 얼마든지 부르시는 자들에게 하신 것이라 하고 행 2:38,39

또한 성경은 하나님께서 우리를 부르셔서 베푸신 은사는 다시 빼앗아 가지 않는다고 말합니다.

하나님의 은사와 부르심에는 후회하심이 없느니라(For God's gifts and his call can never be withdrawn, NLT) 롬 11:29

더욱이 놀라운 말씀은 우리에게 부족함이 없는 은사를 주시고, 그 은사를 활용하게 하심으로 예수 그리스도의 재림을 준비하는 자가 되라고 말씀하고 있다는 것입니다.

너희가 모든 은사에 부족함이 없이 우리 주 예수 그리스도의 나타나심을 기다림이라 고전 1:7

또한 에베소서 3장의 말씀을 보면, 사도 바울이 이렇게 기도하는 것이 나옵니다.

우리 가운데서 역사하시는 능력대로 우리가 구하거나 생각하는 모든 것에 더 넘치도록 능히 하실 이에게 교회 안에서와 그리스도 예수 안에서 영광이 대대로 영원무궁하기를 원하노라 아멘 엡 3:20, 21

만약 하나님의 권능이 초대교회에만 국한된다면 어떻게 사도 바울이 성령의 역사에 의해서 주님의 일을 온전히 행하는 것이 교회 안에서 대대로 주어질 것을 기도할 수 있겠습니까?

베드로는 베드로전서 4장에서 각자 받은 은사대로 청지기 직분을 끝까지, 온전히 감당하라고 권면하고 있습니다.

만물의 마지막이 가까이 왔으니 그러므로 너희는 정신을 차리고 근신하여 기도하라 무엇보다도 뜨겁게 서로 사랑할지니 사랑은 허다한 죄를 덮느니라 서로 대접하기를 원망 없이 하고 각각 은사를 받은 대로 하나님의 여러 가지 은혜를 맡은 선한 청지기같이 서로 봉사하라 벧전 4:7-10

또한 사도 요한은 예수 그리스도께서 재림하시기 전까지 기름 부음 안에서 그분의 가르침을 받으라고 말하고 있습니다.

너희를 미혹하는 자들에 관하여 내가 이것을 너희에게 썼노라 너희는 주께 받은 바 기름 부음이 너희 안에 거하나니 아무도 너희를 가르칠 필요가 없고 오직 그의 기름 부음이 모든 것을 너희에게 가르치며 또 참되고 거짓이 없으니 너희를 가르치신 그대로 주 안에 거하라 요일 2:26-28

지금까지 찾아본 어떤 말씀에서도 종말의 때에 교회를 통한 성령의 나타나심, 곧 은사와 기름 부으심이 감소되거나 소멸된다고 언급한 부분을 찾을 수 없습니다.

오히려 성경의 많은 말씀들은 기적이 끝났다는 기적종식론의 주장과 정반대의 가르침을 전하고 있습니다.

하나님나라의 도래와 자녀의 유업

지금까지 우리는 예수님과 사도들의 가르침을 통해서, 기사와 표적이 실현된 하나님나라의 징표로 사용되었으며, 그러한 일들은 하나님의 자녀를 통해서 예수 그리스도의 재림 때까지 계속되어야 한다는 것을 살펴보았습니다. 그렇다면 이제 하나님나라의 도래와 자녀들의 유업에 대해서 알아보겠습니다.

먼저 생각해볼 것은, '지금 하나님나라가 도래했는가?'에 대한 부분입니다. '이미 도래한 현재적 하나님나라'에 대해 동의하는 교단에서도 기사와 표적, 이미 주어진 은혜에 대해서는 '지금 실현된 종말론'(우리를 통해서 지속적으로 실현되어가야 한다는 뜻이지 완전히 실현되었다는 뜻이 아님)을 지지하기보다 과거 세대주의 영향 아래서 여전히 '미래적, 피안적'으로 보고 있는 경우가 많습니다.

그러나 지금까지 살펴본 수많은 성경 말씀을 통해 볼 때, 현재적 하나님나라의 도래와 그에 따른 하나님의 통치(성령의 역사)는 분리

될 수 없는 필연적 결과임을 알 수 있습니다.

두 번째로 생각해볼 것은, 그렇다면 '하나님나라의 자녀의 삶은 무엇인가?'에 대한 부분입니다. 그것은 예수 그리스도로 말미암아 죄 사함을 받을 뿐 아니라 우리 안에 오신 예수 그리스도의 영(靈)으로 인하여 하나님 자녀의 정체성을 회복하고, 하나님의 자녀로서 아브라함에게 약속하신 유업을 이어받아 이 땅에 하나님의 통치와 주권을 드러내는 삶을 사는 것입니다.

> 자녀이면 또한 상속자 곧 하나님의 상속자요 그리스도와 함께한 상속자니 우리가 그와 함께 영광을 받기 위하여 고난도 함께 받아야 할 것이니라 롬 8:17

> 그러므로 네가 이 후로는 종이 아니요 아들이니 아들이면 하나님으로 말미암아 유업을 받을 자니라 갈 4:7

이 일을 위해서 승천하신 예수님이 우리 안에 오셨고, 우리의 육과 혼을 통하여 그분의 영광과 통치를 드러내십니다. 사도의 직분과 역할은 끝났지만, 그들의 복음전파로 하나님의 자녀들이 하나님의 유업을 이어받을 상속자로서 직분을 행하게 된 것입니다.

> 너희는 하나님으로부터 나서 그리스도 예수 안에 있고 예수는 하나님으로부터 나와서 우리에게 지혜와 의로움과 거룩함과 구원함이 되셨으니 고전 1:30

그러므로 만물이 그를 위하고 또한 그로 말미암은 이가 많은 아들들을 이끌어 영광에 들어가게 하시는 일에 그들의 구원의 창시자를 고난을 통하여 온전하게 하심이 합당하도다 거룩하게 하시는 이와 거룩하게 함을 입은 자들이 다 한 근원에서 난지라 그러므로 형제라 부르시기를 부끄러워하지 아니하시고 히 2:10,11

우리는 그가 만드신 바라 그리스도 예수 안에서 선한 일을 위하여 지으심을 받은 자니 이 일은 하나님이 전에 예비하사 우리로 그 가운데서 행하게 하려 하심이니라 엡 2:10

그가 우리를 대신하여 자신을 주심은 모든 불법에서 우리를 속량하시고 우리를 깨끗하게 하사 선한 일을 열심히 하는 자기 백성이 되게 하려 하심이라 딛 2:14

하나님의 자녀성과 사도성은 동일한 것이 아닙니다. 사도 직분은 이천 년 전에 끝났습니다. 그런데 기적종식론을 주장하는 자들은 자녀의 정체성에 대한 주장이 신사도개혁운동의 사도성에서 왔다고 주장합니다.

다른 말로 하자면, 하나님의 자녀들이 사도가 되려 한다는 것입니다. 또한 하나님 자녀의 정체성이 예수와 동일시되는 동인투사성(同人投射性)을 기반으로 한다고 주장하며, 더 나아가 신인합일체

(神人合一體)로서 인간을 신인(神人)으로 생각한다고 비난하고 있습니다.

우리는 하나님의 성령이 거하는 전이며, 예수 그리스도의 몸이기도 합니다. 우리가 예수 그리스도와 같이 되려고 노력하는 것이 아니라 예수 그리스도께서 우리 안에 들어오심으로 인하여 그분을 나타내는 삶을 사는 것입니다. 그것을 '동인투사'라고 말하는 것은 성령님의 임재와 인도하심이 무엇인지 알지 못하고 체험하지 못한 전형적인 인본주의적 견해일 뿐입니다.

> 너희 몸은 너희가 하나님께로부터 받은 바 너희 가운데 계신 성령의 전인 줄을 알지 못하느냐 너희는 너희 자신의 것이 아니라 값으로 산 것이 되었으니 그런즉 너희 몸으로 하나님께 영광을 돌리라 고전 6:19,20

> 우리가 항상 예수의 죽음을 몸에 짊어짐은 예수의 생명이 또한 우리 몸에 나타나게 하려 함이라 우리 살아 있는 자가 항상 예수를 위하여 죽음에 넘겨짐은 예수의 생명이 또한 우리 죽을 육체에 나타나게 하려 함이라 고후 4:10,11

은사중지론자들은 은사는 사도 시대 때 끝났다고 주장하지만, 사도들은 교회에서 기적적인 치유를 계속하도록 촉구하고 있습니다. 다음 말씀을 보면 '기도하는 자'는 사도들이 아니라 교회의 장로들입니다.

너희 중에 병든 자가 있느냐 그는 교회의 장로들을 청할 것이요 그들은 주의 이름으로 기름을 바르며 그를 위하여 기도할지니라 믿음의 기도는 병든 자를 구원하리니 주께서 그를 일으키시리라 혹시 죄를 범하였을지라도 사하심을 받으리라 그러므로 너희 죄를 서로 고백하며 병이 낫기를 위하여 서로 기도하라 의인의 간구는 역사하는 힘이 큼이니라 약 5:14-16

바울은 사도들만 은사를 받아야 한다고 말하지 않습니다. 오히려 주권적으로 역사하시는 성령이 교회를 통하여 하나님나라를 이루기 위해 평범한 성도들에게 다양한 은사를 주신다고 말하고 있습니다.

각 사람에게 성령을 나타내심은 유익하게 하려 하심이라 어떤 사람에게는 성령으로 말미암아 지혜의 말씀을, 어떤 사람에게는 같은 성령을 따라 지식의 말씀을, 다른 사람에게는 같은 성령으로 믿음을, 어떤 사람에게는 한 성령으로 병 고치는 은사를, 어떤 사람에게는 능력 행함을, 어떤 사람에게는 예언함을, 어떤 사람에게는 영들 분별함을, 다른 사람에게는 각종 방언 말함을, 어떤 사람에게는 방언들 통역함을 주시나니 이 모든 일은 같은 한 성령이 행하사 그의 뜻대로 각 사람에게 나누어 주시는 것이니라 고전 12:7-11

기사와 표적은 계속되고 있으며 계속되어야 한다

지난 500년간 삼위일체 하나님은 인정하지만 성령의 운행하심과 역사하심을 부정하는 기적종식론이 전통적인 신학으로 인정받아왔으며, 지난 300년간 기독교는 자유주의에 의해 주도되어 왔습니다.

한편 19, 20세기에는 자유주의에 대한 반동으로 세대주의자들이 등장했는데, 이들의 은사중지론 주장은 지금까지 영향을 미치고 있으며, 특히 3대 칼빈주의 신학자 중의 한 사람으로 불리는 프린스턴신학교의 벤자민 워필드(B. B. Warfield)의 《조작된 기적들》(Counterfeit Miracles)이라는 책과 싸이러스 스코필드(C. I. Scofield)가 쓴 《스코필드 주석 성경》은 일반 성도들에게까지 많은 영향을 끼쳤습니다.

자유주의 신학자는 성경의 초자연적인 부분을 전혀 믿지 않는 반면, 세대주의자들은 성경에 나타난 초자연적인 일들을 인정합니다. 하지만 그러한 일들은 마지막 사도의 죽음이나 성경의 정경화 작업의 완성과 함께 더 이상 일어나지 않는다고 주장합니다. 그리고 종말의 교회가 영적으로 승리하거나 부흥할 가능성에 대해 지극히 비관적입니다.

그럼에도 불구하고, 기적과 표적은 역사 속에서 계속적으로 일어났습니다. 단지 우리가 인정하지 않았을 뿐입니다. 사도 시대 이후에 기사와 표적이 일어날 수 없다고 생각할 성경적 근거가 없으며, 오히려 그런 일들이 지금도 얼마든지 일어날 수 있다고 생각하는 것이 더 성경적입니다.

만약 오늘날 교회에서 하나님 자녀들의 기도로 기적적인 일들이 일어나지 않는다고 생각한다면, 그것은 하나님나라가 도래하지 않았다고 주장하는 것과 더불어 하나님 자녀의 유업을 이어받지 못하게 하려는 것과 마찬가지입니다. 그러나 분명한 사실은 사도들이 행한 것과 같은 기사와 표적에는 못 미칠지라도 기적종식론(은사중지론)이 주장하는 것과 달리 여전히 많은 기사와 표적이 일어나고 있다는 것입니다.

또한 우리가 주님의 말씀대로 기도하면 하나님께서 무엇이든지 들어주신다는 믿음을 주장하는 견해는 육체적 죽음이 사라지고, 자연적 재앙이 멈추며 죄의 능력이 파괴되는 완성된 미래적 하나님나라가 이미 도래했다고 믿는 것과 다름없는 잘못된 주장입니다.

다시 한 번 말하지만, 우리가 기사와 표적을 일으키는 것은 사도성에 의해서가 아니라 하나님나라에서 주님의 자녀들이 자기 안에 계신 그리스도에 의지하여 주의 믿음으로 주님이 주신 약속의 말씀을 이 땅에 이루어가는 것입니다.

'기도하기 전에' 무엇을 회복해야 하는가?

지금까지 우리는 성경의 말씀을 통해서 기적종식론은 더 이상 사실이 아니라는 것을 살펴보았습니다. 이제 우리는 두 가지 질문에 정직하게 대답해야 합니다.

첫 번째는 기사와 표적이 사도 시대에만 일어났다고 보는 것이 아니라 왜 사도 시대에만 나타났는지에 대한 것입니다. 우리는 회개해야 합니다. 기적적인 현상들이 과거처럼 빈번하게 일어나지 않는 이유는, 과거 이스라엘 안에 만연했던 반역과 불신과 배교처럼 오늘날의 교회와 성도가 너무나도 세속화되어서 그것을 기대하지도, 믿지도 않기 때문 아닙니까?

주께서 영원히 버리실까, 다시는 은혜를 베풀지 아니하실까, 그의 인자하심은 영원히 끝났는가, 그의 약속하심도 영구히 폐하였는가, 하나님이 그가 베푸실 은혜를 잊으셨는가, 노하심으로 그가 베푸실 긍휼을 그치셨는가 하였나이다 (셀라) 또 내가 말하기를 이는 나의 잘못이라 지존자의 오른손의 해 곧 여호와의 일들을 기억하며 주께서 옛적에 행하신 기이한 일을 기억하리이다 또 주의 모든 일을 작은 소리로 읊조리며 주의 행사를 낮은 소리로 되뇌이리이다 하나님이여 주의 도는 극히 거룩하시오니 하나님과 같이 위대하신 신이 누구오니이까 주는 기이한 일을 행하신 하나님이시라 민족들 중에 주의 능력을 알리시고 시 77:7-14

거기서는 아무 권능도 행하실 수 없어 다만 소수의 병자에게 안수하여 고치실 뿐이었고 그들이 믿지 않음을 이상히 여기셨더라 이에 모든 촌에 두루 다니시며 가르치시더라 막 6:5,6

두 번째는 예수님도 자신이 하나님의 아들이시며 하나님나라가 임했다는 소식을 전하기 위해서 기사와 표적을 보여주셨는데, 지금 우리는 기사와 표적은 필요 없으며 단지 성경만 있으면 된다는 식으로 생각하는 것이 과연 옳은 일인가에 대해서입니다. 우리가 예수 그리스도보다 더 나은 사람이란 말입니까? 우리는 회개해야 합니다. 나를 위해서가 아니라 주님의 뜻을 이루기 위해서 기름 부으심을 사모해야 하며, 허락하신 은사를 사용해야 합니다.

우리는 '기도하기 전에' 우리 안에 자신도 모르게 밴 기적종식론적 사고방식을 제거해야 합니다. 그럴 때 비로소 성령님의 임재와 더불어 하나님의 통치를 경험할 수 있고, 그 결과 우리의 기도로 하나님의 선하신 뜻을 알고 그 뜻을 이 땅에 이룰 수 있게 됩니다.

POINT

우리는 전통적인 일부 교회 안에서 전해진 잘못된 가르침이나 세속적인 사고 방식으로 인해 하나님이 더 이상 기적을 일으키지 않으신다고 생각해왔습니다. 오히려 초자연적인 일들은 마귀의 짓이며 거짓 예언자들이 속이는 것이기 때문에 우리는 오직 성경 말씀만으로 신앙생활해야 한다는 생각이 은연중에 우리를 사로잡고 있었습니다.

그러나 성령의 조명 아래서 성경 말씀을 읽어보면, 하나님이 기적을 멈추셨다는 말씀은 어디서도 찾아볼 수 없다는 것을 알게 됩니다. 기적종식론자들은 기사와 표적을 나타내는 것은 사도들에게만 주어진 권한이기 때문에 사도 시대에만 일어났던 일이라고 주장합니다.

하지만 하나님나라의 관점에서 볼 때, 성령의 역사가 더 이상 일어나지 않는다는 말은 아직 하나님나라가 도래하지 않았고, 자녀들이 하나님이 주신 유업을 이어받지 못했다는 것과 같은 말입니다. 이것은 예수님이 전하신 하나님나라의 복음과 정면으로 상충됩니다.

이제 우리는, 오늘날에는 왜 그런 기사와 표적이 일어나지 않는지에 대해 깊이 생각해보아야 하며, 우리도 예수님과 제자들이 행한 것처럼 이 땅에 주님의 성품과 권능을 나타내도록 해야 합니다.

PRAY

주님, 지금까지는 성령의 역사로 아름다운 열매가 맺혔다는 소식보다 잘못된 성령사역으로 인해 성도들이, 혹은 교회가 어려움을 겪게 되었다는 소식을 더 많이 들어왔던 것 같습니다. 그래서 저도 모르게 성령님의 역사하심이나 성령의 은사에 무관심하고, 이 시대에 기적은 더 이상 일어나지 않으며 또 필요도 없다고 생각해왔습니다. 그런 저의 생각을 회개합니다.

"하나님의 나라는 말에 있지 아니하고 오직 능력에 있다"(고전 4:20)라고 분명히 말씀하셨는데, 제가 성령의 역사로 인한 열매에 너무 무관심했습니다. 그러나 이제 우리가 정말 주님의 자녀라면 하나님 아버지께서 허락하신 유업을 이어받아야 하며, 이 모든 일은 주님의 권능 없이 일어날 수 없음을 알게 되었으니 감사합니다. 저도 주님께 쓰임 받는 통로가 되고 싶습니다. 성령세례를 받고, 날마다 성령충만한 삶을 살며, 저의 매일의 삶 속에서 주님이 주신 기름 부음과 각종 은사가 나타나기를 간절히 사모합니다. 저를 사용하여주옵소서!

chapter 11

기도하기 전에,
번영복음에서
벗어나라

약속의 말씀에 대한 번영복음의 관점

역사적으로 볼 때 오순절 은사주의 흐름 중에서 '믿으면 반드시 이루어진다'라고 주장하는 경우가 있었습니다. 이러한 주장을 '번영복음'이라고 합니다. 가끔씩 제가 선포하는 '하나님나라와 치유'를 '치유에 대한 번영복음'으로 오해하는 경우가 있습니다. 이제 '번영복음'과 우리가 믿고 있는 '하나님나라의 복음'을 비교해봄으로써 우리가 '기도하기 전에' 어떤 믿음을 가져야 할지에 대해서 생각해보겠습니다. '번영복음'이 약속의 말씀에 대해 갖는 신학적 입장은 대체로 다음과 같습니다.

- 고통, 질병, 가난은 사탄으로부터 온 것이다.
- 예수님은 우리의 죄와 저주를 대속하셨다.
- 우리는 예수 그리스도를 믿음으로 율법의 저주에서 벗어났다.
- 하나님은 예수 그리스도를 믿는 모든 자를 완전하고 온전하게 하기 원하신다.
- 우리는 약속의 말씀을 믿음으로 하나님께 은혜를 요구할 수 있고, 하나님은 우리에게 은혜를 베푸실 의무가 있다.
- 은혜를 누리지 못하는 것은 우리의 믿음이 온전하지 못하기 때문이다.
- 현실적으로 약속의 말씀의 실제가 일어나지 않았을지라도 이미 일어난 것을 믿어야 한다.
- 우리가 온전한 믿음을 가지면, 반드시 이루어진다. 이런 주장을 '완전한 번영복음'이라고 부른다.

이들은 구한 것을 받지 못하는 것은 복음을 제대로 알지 못하거나 믿음이 부족하기 때문이라고 주장합니다. 이러한 번영복음은 비성경적입니다. '새 언약'이라는 복음을 하나님나라의 관점에서 보지 않고 세상적 관점에서 해석한 탓에 여전히 구약적 인과법칙에서 벗어나지 못하고 있는 것입니다.

새 언약은 하나님나라의 복음이고, 하나님나라의 법이며, 하나님나라에서만 적용되고, 하나님의 자녀만이 그 혜택을 볼 수 있습니다. 그런데 '번영복음'은 새 언약을 하나님나라에서 하나님의 의를 이루는 관점이 아니라, 이 땅에서 약속에 대한 조건을 만족시키는 관점으로 보고 있습니다. 즉, 하나님이 예수 그리스도를 통하여 우리의 모든 문제를 해결하셨기 때문에 우리가 믿을 때 약속이 이루어진다는 방식으로 보고 있는 것입니다.

우리는 하나님의 말씀을 말씀대로 온전히 믿어야 한다는 것과 믿은 대로 된다는 것의 차이를 분명히 구분할 줄 알아야 합니다. 전자는 믿음에 대해서 말한 것이지만, 후자는 나타난 현상에 대해 말합니다. 믿어야 하는 것은 우리의 책임이지만, 믿은 대로 되게 하는 분은 하나님이십니다. 만약 우리가 이 두 문장을 같다고 착각하면, 우리가 하나님의 일을 마음대로 결정할 수 있는 자가 되어버리는 것입니다. 그것은 있을 수 없는 일입니다.

실제로 HTM 집회에 참석한 많은 성도들 중에는 하나님나라의 복음을 제대로 알지 못한 채 간절한 소망과 기대만을 가지고 오시는 분들이 있습니다. 그런 경우 최선을 다해 기도하고 부르짖지만 아무런 응답이나, 치유를 받지 못하기도 합니다. 이럴 때 허무한 마음을 갖거나, 믿음 없는 자신을 정죄하거나, 하나님으로부터 버림받은 마음을 가지고 돌아가는 경우가 있습니다.

이는 하나님의 절대적인 주권을 인간의 믿음으로 대체시킨 결과입니다. 하나님은 우리를 사랑하시고 우리를 온전케 하기를 원하시지만, 우리의 건강과 부를 위해서 존재하는 분은 아니십니다.

약속의 말씀에 대한 하나님나라 복음의 관점

하나님나라의 복음에 있어서 축복에 대한 신학적 견해는 이렇습니다. 예수 그리스도께서 십자가를 통하여 이루신 완전한 사역은 우리가 예수 그리스도를 영접할 때 그리스도의 영이 내 안에 오심으로 이미 다 이루어졌습니다. 그분의 구속사건은 죄 사함, 저주와 질병과 가난과 마귀의 묶임과 영원한 죽음으로부터의 자유를 포함하고 있습니다.

여기서 '예수 그리스도께서 이루신 완전한 구원사역'이 무엇인지를 성경적으로 정확하게 보아야 합니다. 먼저는 하나님과 인간의 관계적 차원에서의 관점이고, 두 번째로 하나님나라의 관점에서 볼 수 있어야 합니다.

관계적 차원에서 바라본 예수님의 사역

먼저 예수 그리스도께서 이루신 완전한 사역을 하나님께서 인간을 구원하시고자 하는 관계적 차원에서 생각해봅시다. 예수 그리스도의 죽으심과 부활 안에는 우리의 죄, 저주, 질병, 가난, 마귀의 묶임, 영원한 죽음으로부터의 해방과 자유가 포함되어 있습니다.

우리가 예수 그리스도를 믿을 때 예수 그리스도께서 이루신 완전한 사역은 내 안에서 이루어졌습니다. 그러나 구원이 곧 현재의 모든 죄, 저주, 질병, 가난으로부터의 완전한 해방을 의미하는 것은 아닙니다. 만약에 그렇다면 구원받은 자에게 어떻게 죄가 있을 수 있고, 질병이 있을 수 있겠습니까?

> 참으로 우리가 여기 있어 탄식하며 하늘로부터 오는 우리 처소로 덧입기를
> 간절히 사모하노라 고후 5:2

> 또 그리스도께서 너희 안에 계시면 몸은 죄로 말미암아 죽은 것이나 영은 의
> 로 말미암아 살아 있는 것이니라 예수를 죽은 자 가운데서 살리신 이의 영이
> 너희 안에 거하시면 그리스도 예수를 죽은 자 가운데서 살리신 이가 너희 안
> 에 거하시는 그의 영으로 말미암아 너희 죽을 몸도 살리시리라 롬 8:10,11

우리가 구원받을 때 예수 그리스도의 완전한 사역은 우리 안에서
법적으로(본질적, 영적으로) 이루어졌지만, 그것이 우리 삶에서 실제적
으로(현실적, 육신적으로) 나타나는 것은 다른 문제입니다.

우리가 죄 사함을 받음으로 우리 안에 그리스도의 영이 임하셨고,
그 결과 우리는 본질적으로, 즉 하나님이 우리를 바라보시는 관점에
서는 죄인이 아니라 의인이 되었습니다. 우리가 의인이 되었기 때문
에 내 안에 계신 그리스도에 의해서 주님의 뜻을 이루기 위해 나머지
모든 것들이 예수 그리스도의 이름으로 구속되어가는 것입니다.

> 그뿐 아니라 또한 우리 곧 성령의 처음 익은 열매를 받은 우리까지도 속으로
> 탄식하여 양자 될 것 곧 우리 몸의 속량을 기다리느니라 롬 8:23

그 구속이 내 육체의 생명에 나타나게 하기 위해 우리가 내 안에 계신 예수 그리스도를 의지하여 주님의 약속의 말씀을 믿음으로 이루어가는 것입니다. 내가 주의 약속을 믿기 때문에 하나님이 이루어 주셔야 하는 것은 아니란 말입니다. 이 사실을 정확히 알지 못하면 믿음사역에 대해 오해하게 됩니다.

구원받는다는 것은 하나님의 자녀가 된다는 것이고, 그리스도 안에서 주의 말씀을 믿음으로 예수 그리스도의 이름으로 주님의 뜻을 이 땅에 이루어간다는 것입니다. 구원받은 우리는 이제 다음과 같은 삶을 살아야 합니다.

첫째, 우리는 나의 삶이 아니라 그리스도의 삶을 살아야 합니다.

내가 그리스도와 함께 십자가에 못 박혔나니 그런즉 이제는 내가 사는 것이 아니요 오직 내 안에 그리스도께서 사시는 것이라 이제 내가 육체 가운데 사는 것은 나를 사랑하사 나를 위하여 자기 자신을 버리신 하나님의 아들을 믿는 믿음 안에서 사는 것이라 갈 2:20

둘째, 주의 선한 일을 행하는 삶을 살아야 합니다.

우리는 그가 만드신 바라 그리스도 예수 안에서 선한 일을 위하여 지으심을 받은 자니 이 일은 하나님이 전에 예비하사 우리로 그 가운데서 행하게 하려 하심이니라 엡 2:10

셋째, 예수 그리스도의 이름으로 구하는 삶을 살아야 합니다.

> 그날에는 너희가 아무것도 내게 묻지 아니하리라 내가 진실로 진실로 너희에
> 게 이르노니 너희가 무엇이든지 아버지께 구하는 것을 내 이름으로 주시리라
> 지금까지는 너희가 내 이름으로 아무것도 구하지 아니하였으나 구하라 그리
> 하면 받으리니 너희 기쁨이 충만하리라 요 16:23, 24

구원받은 자는 더 이상 자신의 삶이 아니라 그리스도의 삶을 사는 자이고, 주님의 뜻을 이루어가는 자입니다. 나를 통하여 주님이 드러나는 삶을 사는 것입니다.

그런데 많은 경우, 하나님나라의 복음은 제대로 알지 못한 채 그저 자신이 예수 그리스도를 믿고 구원을 얻었기 때문에 이제 자신이 주님의 약속을 믿음으로 받아내는 존재라고 착각합니다. 이런 사고방식은 자신을 여전히 죄 사함을 받은 자존적 존재(죄 사함은 받았지만 나는 여전히 살아 있는)로 정의하는 것이고, 하나님의 주권적인 은혜와 신비를 인간의 믿음에 대한 약속으로 대체시키는 인간중심적인 생각입니다.

HTM의 화요말씀치유집회에서 가장 많이 강조하는 것이 '믿음'입니다. 그러나 성경이 말하는 믿음은 결코 자신의 이성적인 믿음이 아닙니다. 우리가 믿는 것이 아니라, 믿어져야 합니다. 자신의 믿음이 아니라 예수로 말미암아 난 믿음, 곧 그리스도께서 우리 안에 계심

으로 가능한 하나님의 믿음을 가져야 합니다(딤후 3:15 참조).

성령님이 임하시면 그 믿음이 주어집니다. 믿음은 추구의 대상이 아니라 하나님의 선물입니다. 믿음이 하나님의 선물을 받는 원인이 아니라 조건이 되면 복음을 인간중심적으로 생각하게 되고, 하나님을 우리의 필요를 채워주기 위해 존재하는 분으로 만들게 됩니다.

하나님나라의 관점으로 바라본 예수님의 사역

이제 예수 그리스도께서 이루신 완전한 사역을 하나님나라의 관점에서 생각해봅시다. 예수 그리스도께서는 하나님나라의 복음을 전하시고, 우리로 하여금 하나님나라로 들어가도록 하기 위해서 죽으시고 부활하시고 승천하셔서 보혜사 성령님을 우리에게 보내주셨습니다. 바로 그날, 오순절 날을 통하여 이 땅에 있는 우리에게 하나님나라가 임하게 된 것입니다.

이 땅에 하나님나라가 도래했지만, 그러나 하늘에서 이루어진 것이 이 땅에서 완전히 이루어진 것은 아닙니다.

이것을 다른 말로 표현하자면, 예수 그리스도께서 '이미' 이루신 완전한 역사가 영적 세계에서는 다 이루어졌지만, '아직' 이 땅에 완전히 나타난 것은 아니란 말입니다. 즉, 예수 그리스도의 죽으심과 부활을 통해 하나님나라가 시작되었지만, 그분의 재림 때까지는 완성된 것이 아닙니다. 다만 이 땅에 도래한 현재적 하나님나라에서 그분의 통치가 하나님의 자녀를 통하여 땅 끝까지 전해지고 있는 것입니다. 구원받은 우리는 매일 각자의 영역에서 그 구원을 이루어가는 것이며, 궁극적으로 구원의 완성을 향해 나아가는 것입니다.

따라서 구원받은 우리는 이 땅에 도래한 현재적 하나님나라에서 주의 뜻, 즉 그분의 통치와 주권이 이 땅에 나타나도록 믿음의 삶을 사는 것입니다. 이것은 구약에서 이스라엘 백성이 이미 약속하신 가나안 땅을 정복하는 것과 같습니다.

> 내가 모세에게 말한 바와 같이 너희 발바닥으로 밟는 곳은 모두 내가 너희에게 주었노니 수 1:3

> 찬송하리로다 하나님 곧 우리 주 예수 그리스도의 아버지께서 그리스도 안에서 하늘에 속한 모든 신령한 복을 우리에게 주시되 엡 1:3

이 두 말씀 모두가 약속은 과거에 이미 주어졌지만, 지금 우리가 이루어가야 함을 말하고 있습니다. 우리는 이것을 신학자들이 주장하는 'already but not yet'(이미 그러나 아직)의 개념으로 이해할 수 있습니다. 따라서 지금은 성령의 역사로 인한 은혜의 시대이지만, 여전히 영적전쟁을 치르고 있는 중입니다. 하나님나라에서 이미 이루어진 주님의 말씀을 믿음으로 이 땅에 이루어가는 과정 안에 있는 것입니다. 그것이 바로 아직도 완전하게 이루어지지 않은 현재적 하나님나라의 삶입니다. 우리는 성령 안에서 주님의 말씀을 믿음으로, 이미 이긴 전쟁이지만 전투를 통하여 쟁취해야 하는 것입니다. 이런 관점에서 볼 때 이 땅에서의 '완전한 승리'란 사실이 아닙니다.

우리가 주님의 뜻을 이루기 위해 기도하는 것은 하나님으로부터 무엇을 받아내는 것이 아니라 하나님께서 이미 주신 것을 이루어가는 것입니다. 그러나 우리가 주님이 약속하신 것을 믿고 기도한다고 해서 지금 여기에서 모든 것을 이룰 수 있는 것도 아닙니다. 왜냐하면 이 시대는 현재적 하나님나라로서 종말론적 유보(eschatological reservation) 상태에 있기 때문입니다.

그렇다면 모든 것을 미래적 하나님나라로 돌리고 아무것도 하지 말아야 합니까? 단지 영혼 구원에만 힘쓰고 세상에서 주님의 뜻을 이루는 일은 하지 말아야 하는 걸까요? 우리는 이 영적 전쟁에서 도피적, 패배적, 수동적 신앙이 아니라 하나님의 자녀로서 공격적, 승리적, 능동적 신앙을 가져야 합니다.

우리가 기도하면서 주님의 뜻을 이루어가는 것은, 하나님께는 그분의 역사하심이 증거되는 것이며, 그분의 통치가 온 세상에 전파되는 것이고, 우리에게는 성화의 삶이요, 주의 재림을 준비하는 것입니다. 우리는 인간의 입장에서 무엇인가를 성취하기 위해서 기도하는 것이 아니라 하나님의 입장에서 주님의 뜻을 이루기 위해서 기도해야 합니다.

새 언약을 하나님나라 복음의 관점에서 보지 않으면 결국 구약적인 관점으로 해석할 수밖에 없습니다. 즉 예수님이 주신 새 언약을 '믿기만 하면 된다'는 식으로 생각하는 것입니다. 이런 번영복음은 크게 두 가지 점에서 복음을 변질시키고 있습니다.

첫째, 번영복음은 예수님이 주신 새 언약을 자녀가 하나님나라에서 하나님의 뜻을 이루는 관점이 아니라, 신자가 이 땅에서 믿음으로 취할 때 하나님이 반드시 해주셔야 하는 약속의 관점으로 보고 있다는 것입니다.

둘째, 오순절 날 이후부터 예수님이 재림하실 때까지의 현재적 하나님나라는 여전히 공중권세 잡은 마귀들과 영적전쟁을 통해 이루어가는 것이지 완전한 미래적 하나님나라처럼 온전히 이루어지는 것이 아님에도 불구하고 믿기만 하면 반드시 이루어진다는 식으로 주장하고 있습니다.

따라서 열심히 신앙생활했음에도 축복받지 못하면 믿음이 없는 것으로 치부되곤 합니다. 이제 우리는 하나님나라의 복음 안에서 그리스도의 믿음을 가져야 합니다.

PRAY

주님, 이 장을 통해서 제 삶을 되돌아볼 때 저 역시 그리스도 안에서 주님의 말씀을 이 땅에 이루어나가기보다는 성경의 말씀을 열심히 믿으면 하나님께서 축복해주실 것이라는 생각에서 벗어나지 못했습니다. 회개합니다.

저의 많은 기도가 그리스도 안에서 하나님의 뜻을 이루어가기보다는 저 자신의 결핍과 욕망을 채우기 위한 것이었음을 보게 됩니다. 이제 번영신앙의 사고방식과 하나님나라 복음의 차이를 분명히 알게 되었습니다.

주님, 더 이상 성공이나 축복을 위해 기도하지 않겠습니다. 뜻이 하늘에서 이루어진 것같이 땅에서 이루어지도록 하는 데 저 자신이 믿음의 통로로 쓰임받기를 원합니다. 주님 도와주옵소서. 아멘!

이제,
기도할 준비가 되었습니다

우리는 지금까지 현재적 하나님나라에서 하나님의 자녀가 자신을 부인하고 하나님 아버지와 교제하며 주님의 뜻을 이루는 기도를 하기 위해 '기도하기 전에' 먼저 알아야 할 것들을 여러 측면에서 살펴보았습니다.

본문에서도 살펴본 것처럼 사도 바울은 과거의 법(구약)을 지키기 위해 목숨까지 바칠 각오가 되어 있었지만, 예수 그리스도를 만나고서야 비로소 새 법(신약, 하나님나라의 법)이 무엇인지 알게 되었습니다.

그리하여 성경을 통해 옛 법과 새 법의 차이가 무엇인지, 그리고 그 법의 적용에 대해 자세히 전해줄 수 있었습니다. 옛 법의 대가였던 그는 새 법이 무엇인지를 알게 된 후 로마서를 통해 더 이상 새 법을 부끄러워하지 않는다고 고백했습니다.

내가 복음을 부끄러워하지 아니하노니 이 복음은 모든 믿는 자에게 구원을 주시는 하나님의 능력이 됨이라 먼저는 유대인에게요 그리고 헬라인에게로다 복음에는 하나님의 의가 나타나서 믿음으로 믿음에 이르게 하나니 기록된 바 오직 의인은 믿음으로 말미암아 살리라 함과 같으니라 롬 1:16,17

이처럼 이천 년 전 하늘과 땅의 법과 권세가 바뀌었음에도 불구하고 여전히 그 사실을 알지 못한 채 옛 법에 기초하여 기도함으로써 자신의 의를 드러내고(롬 10:2,3 참조), 불법을 행하는(마 7:23 참조) 사람들이 오늘날에도 너무나 많습니다. 저 역시 오랫동안 그렇게 기도해왔습니다. 무엇인가를 얻어내기 위해서, 의무감에서, 내 방식대로, 배워온 대로 기도해왔습니다.
그러나 하나님나라의 복음을 알게 된 2005년부터 제 기도는 변했습니다. 성령의 조명 아래 하나님의 나라와 의를 구하면 구할수록 새 술은 새 부대에 담아야 한다는 것을 알게 되었고, 하나님과의 교제인 기도가 변해야 한다는 것을 깨닫게 되었습니다. 그리고 그렇게 기도가 변한 후, 너무나 아름답고 놀라운 열매를 먹기 시작했습니다.

지나온 세월 동안 수없이 쌓아온 기도의 제단을 되돌아보면, 기도하는 것보다 '기도하기 전에' 올바로 기도하는 법을 배우는 것이 더 중요하다는 것을 뼈저리게 느끼게 됩니다. 마치 너무 갖고 싶었던 물건을 마침내 갖게 되어 흥분된 마음에 설명서도 제대로 읽지 않고 조립했다가 마지막에 가서야 잘못된 것을 알고 처음부터 다시 시작해야 하는 안타까운 일은 일어나지 말아야 하는 것처럼 말입니다.

우리는 '기도'를 생각할 때, 어떤 목적이 있음을 전제로 합니다. 이 말은 이유 없이 기도할 필요가 없다고 생각한다는 것입니다. 그러나 성경은 우리에게 "항상 기도하고 깨어 있으라"

라고 말합니다.

이러므로 너희는 장차 올 이 모든 일을 능히 피하고 인자 앞에 서도록
항상 기도하며 깨어 있으라 하시니라 눅 21:36

기도를 계속하고 기도에 감사함으로 깨어 있으라 골 4:2

이 말씀은 우리에게 어떤 부담감이나 의무감을 주기 위해서
지켜야 할 내용을 명령하는 것이 아닙니다. 우리가 새로운 법
안에서 주님과 교제하는 법을 알게 되면, 영적 호흡이 기도이
고 일상의 삶 자체가 기도가 됩니다. 생각해보십시오. 하나님
과 관계없이 우리의 일, 만남, 시간, 물질, 건강이라는 매일의
삶의 요소에서 어떻게 하나님을 나타낼 수 있겠습니까?

모든 기도와 간구를 하되 항상 성령 안에서 기도하고 이를 위하여 깨어
구하기를 항상 힘쓰며 여러 성도를 위하여 구하라 엡 6:18

쉬지 말고 기도하라 살전 5:17

우리 안에 하나님나라가 있고, 우리가 하나님의 전(殿)이라
면, 우리는 기도하는 집입니다.

너희 몸은 너희가 하나님께로부터 받은 바 너희 가운데 계신 성령의 전
인 줄을 알지 못하느냐 너희는 너희 자신의 것이 아니라 값으로 산 것이
되었으니 그런즉 너희 몸으로 하나님께 영광을 돌리라 고전 6:19,20

이에 가르쳐 이르시되 기록된 바 내 집은 만민이 기도하는 집이라 칭함
을 받으리라고 하지 아니하였느냐 너희는 강도의 소굴을 만들었도다 하
시매 막 11:17

성전은 기도하는 집입니다. 새 언약 아래에서 우리의 몸이 바
로 성령의 전입니다. 따라서 성령의 전인 우리의 몸을 강도의
소굴로 만들지 않기 위해서는 쉬지 말고 기도해야 합니다. 마

치 침수된 건물에서 물을 빼내는 것처럼 말입니다.

기도는 하늘에 계신 하나님 아버지와 이 땅에 육신으로 거하는 자녀와의 관계를 유지하는 생명줄입니다. 이 줄이 끊어지면 곧 어두움이 밀려오고, 그곳에는 더럽고 악하고 추하고 음란한 것들이 자리 잡게 됩니다.

우리 주 예수 그리스도께서 다시 오실 때까지 우리가 어떻게 우리 자신을 지킬 수 있을까요? 그리고 어떻게 주님의 뜻을 이루어갈 수 있을까요? 기도로 하나님과의 관계가 연결되어 있을 때라야 하나님이 생명이 우리의 영혼육에 계속 흘러들어 오고, 그럴 때라야 우리가 그분이 오실 때까지 흠 없이 보전될 수 있습니다.

평강의 하나님이 친히 너희를 온전히 거룩하게 하시고 또 너희의 온 영과 혼과 몸이 우리 주 예수 그리스도께서 강림하실 때에 흠 없게 보전되기를 원하노라 살전 5:23

그리고 기도로 하나님과 연결되어 있을 때라야 우리는 주님의 말씀을 이 땅에 실체로 변화시킬 수 있습니다.

엘리야는 우리와 성정이 같은 사람이로되 그가 비가 오지 않기를 간절히 기도한즉 삼 년 육 개월 동안 땅에 비가 오지 아니하고 다시 기도하니 하늘이 비를 주고 땅이 열매를 맺었느니라 약 5:17,18

우리는 이 책을 통해서 '기도하기 전에' 하나님나라의 법과 그에 따른 새로운 사고방식에 대해서 알아보았습니다.

그러나 지금까지 우리가 배운 것은 이 세상 나라가 아니라 하나님나라에서 올바른 기도를 하기 위한 준비에 불과합니다. 이제 시작입니다. 이제 예수 그리스도 안에서 하나님의 자녀가 된 우리는 하나님 아버지가 누구이신지를 알고, 그분께 영광 돌리며, 우리에게 임하신 하나님의 통치를 통해서 뜻이 하늘에서 이루어진 것같이 땅에서도 이루어지도록 해야 합니다. 이것이 바로 주님이 친히 가르쳐주신 '주기도'입니다.

하늘에 계신 우리 아버지여

이름이 거룩히 여김을 받으시오며

나라가 임하시오며

뜻이 하늘에서 이루어진 것같이

땅에서도 이루어지이다

오늘 우리에게 일용할 양식을 주시옵고

우리가 우리에게 죄 지은 자를 사하여준 것같이

우리 죄를 사하여주시옵고

우리를 시험에 들게 하지 마시옵고

다만 악에서 구하시옵소서

나라와 권세와 영광이 아버지께 영원히 있사옵나이다 아멘

마 6:9-13

이제 이 땅에서 최고의 기도인 '주기도'의 능력을 매일 체험하게 되기를 소망합니다.

말씀과 성령님의 만지심

헤브리 터치
Heavenly Touch Ministry
헤 브 리 터 치   미 니 스 트 리

손기철 장로의

화요말씀치유집회

매주 화요일 신대방동
헤브리터치센터에서 열립니다.

예수님께서는 공생애 사역 동안에 하나님나라의 복음을 전하시고, 그 나라의 도래에 따른 수많은 기사와 표적을 보여 주셨습니다. 지금도 하나님의 영광이 임한 장소에서 그의 나라와 의를 구하는 자에게 뜻이 하늘에서 이루어진 것처럼 이 땅에서도 이루어지고 있습니다.

주님께서 허락하신 헤브리터치센터에서 죄사함뿐만 아니라 상한 감정의 치유, 육신의 질병치유, 은혜로 인한 형통, 악한 영으로부터의 해방을 경험하시기를 바랍니다.

2008년에 설립된 '헤브리터치 미니스트리'(Heavenly Touch Ministry:HTM)는 치유사역, 하나님나라의 복음 전파, 교회를 통한 사회변혁의 비전을 이루기 위해 교단과 교파를 초월하여 교회와 성도들을 섬기는 선교단체입니다.

장소 신대방동 헤브리터치센터 임마누엘홀(본당)
일시 **매주 화요일 저녁 7시 30분~밤 10시**
인도 손기철 박사(HTM 대표)
집회 말씀과 치유사역, 기도사역자 개인기도

문의전화 02)576-0153 이메일 htm0691@naver.com, www.heavenlytouch.kr

서울 동작구 보라매로 5길 35번지 한국컴퓨터빌딩 보라매현대아파트 지하 1층 헤브리터치 센터

HTM 홈페이지 안내   www.heavenlytouch.kr

HTM 홈페이지에서는 HTM의 모든 집회, 교육, 사역 안내와 손기철 장로의 말씀 영상을 볼 수 있으며, 킹덤빌더 매거진, 온라인 강좌(서비스 예정) 등을 이용할 수 있습니다. 뿐만 아니라 HTM 집회와 도서, 동영상 등을 통해 치유를 경험한 성도님들의 치유 간증을 실시간으로 볼 수 있습니다.

HTM 페이스북   www.facebook.com/htm0691

하나님나라의 실제적인 삶을 더 많은 사람들에게 전하기 위해 매일 아침마다 손기철 장로와 윤현숙 목사의 '킹덤빌더의 일용할 양식'을 페이스북에 올리고 있습니다. 매일 부딪히는 상황에 대한 기도, 성경말씀과 핵심을 찌르는 요약, 실제적 적용지침, 그리고 내용을 이미지화 한 사진으로 주님의 뜻을 이루는 하루가 되시기를 소망합니다.

하나님나라 복음을 선포하는 손기철 박사의 '킹덤북스' 시리즈

KINGDOM BOOKS 1

알고 싶어요 성령님

그분의 능력을 어떻게 받고
사용하는지에 대한 실제적이고
속 시원한 대답

KINGDOM BOOKS 2

알고 싶어요 하나님의 나라

하나님나라는 주의 뜻을 이루고자
하는 자에게 은혜로 주어지는
영적 세계다 _두란노 간

KINGDOM BOOKS 3

알고 싶어요 하나님의 의

우리는 이미 예수 그리스도 안에서
'하나님의 의'요 자녀다 _두란노 간

KINGDOM BOOKS 4

킹덤 빌더

이 땅에 도래한 하나님나라를
세워가는 사람

KINGDOM BOOKS 5

하나님의 힘으로 병이 낫는다

하나님나라 복음에 기초한
신유의 이론과 실제

KINGDOM BOOKS 6

기도하기 전에

기도에 실패한 이들을 위한
하나님나라 사고방식 안내서

기도하기 전에

초판 1쇄 발행	2016년 12월 12일
초판 7쇄 발행	2023년 2월 25일

지은이	손기철

펴낸이	여진구		
책임편집	이영주		
편집	박소영 최현수 안수경 김도연 김아진 정아혜		
책임디자인	노지현 ∣ 마영애 조은혜 이하은		
홍보·외서	진효지		
마케팅	김상순 강성민	마케팅지원	최영배 정나영
제작	조영석	경영지원	김혜경 김경희 이지수

303비전성경암송학교 박정숙
이슬비전도학교 / 303비전성경암송학교 / 303비전꿈나무장학회

펴낸곳	규장

주소 06770 서울시 서초구 매헌로 16길 20(양재2동) 규장선교센터
전화 02)578-0003   팩스 02)578-7332
이메일 kyujang0691@gmail.com   홈페이지 www.kyujang.com
페이스북 facebook.com/kyujangbook   인스타그램 instagram.com/kyujang_com
카카오스토리 story.kakao.com/kyujangbook
등록일 1978.8.14. 제1-22

ⓒ 저자와의 협약 아래 인지는 생략되었습니다.
이 출판물은 저작권법에 의해 보호를 받는 저작물이므로 무단 전재와 무단 복제를 할 수 없습니다.

책값 뒤표지에 있습니다.
ISBN 978-89-6097-480-7 03230

규 ∣ 장 ∣ 수 ∣ 칙

1. 기도로 기획하고 기도로 제작한다.
2. 오직 그리스도의 성품을 사모하는 독자가 원하고 필요로 하는 책만을 출판한다.
3. 한 활자 한 문장에 온 정성을 쏟는다.
4. 성실과 정확을 생명으로 삼고 일한다.
5. 긍정적이며 적극적인 신앙과 신행일치에의 안내자의 사명을 다한다.
6. 충고와 조언을 항상 감사로 경청한다.
7. 지상목표는 문서선교에 있다.

하나님을 사랑하는 자 곧 그의 뜻대로 부르심을 입은 자들에게는 모든 것이 合力하여 善을 이루느니라(롬 8:28)

규장은 문서를 통해 복음전파와 신앙교육에 주력하는 국제적 출판사들의
협의체인 복음주의출판협회(E.C.P.A:Evangelical Christian Publishers
Association)의 출판정신에 동참하는 회원(Associate Member)입니다.